20 世纪中国图书馆学文库·6

图书馆学

李小缘 著

圕 國家圖書館出版社

本书据第四中山大学 1927 年 9 月讲义排印

目　录

第一章　图书馆之意义

吾国向无公共图书馆,昔所有者,乃如弘文阁,文渊阁,海源阁,皕宋楼,铁琴铜剑楼,传是楼,知不足斋,滂喜斋,爱日精庐,结一庐,万卷堂等;凡阁,楼,斋,庐,堂,皆旧日之藏书楼。考其建设地点,必在人迹稀少之深山内,或万籁无声之花园中;例如江苏省立第一图书馆设在南京龙蟠里,第二图书馆设在苏州沧浪亭可园中。其所以如此者,乃因其中书籍可供雅人逸士,一则穷读古圣贤书,一则游目骋怀。读者非精通古今之道学先生,骚人名士,或附庸风雅,徒博嗜古之名者流。一年三百六十日,未见得日日皆有读者,来馆读书。书籍固然一本不准借出。往往大门外高悬虎头牌:"书籍重地,闲人免进"八字。管理事务者,乃存作官,领俸禄之念。职员不外亲戚,朋友。因材取人,乃依人取材;所以常有告老回山七八十岁之名士,充当管理员。至于楼中借书手续,因皆省立县立由官创办,民众若要看书,非得经官厅许可不可。

今日虽曰共和,然就此智识思想事上,皆受官府控制,不得自由。即借书,非鹄立一二小时,不能寻出。论办事人员,上自馆长,下至阍者无不有官僚习气。试问一般读者来馆所为何事?太半来赏鉴宋元明版本,绝口称赞而已。或以为彼等从事精深研究而来,或来寻民众读物,真是凤毛麟角!论其收藏范围,则以经史子集,百宋千元,明刻精钞,以示夸耀而已。或则就四库全书之范围而收集之,而不知四库全书之缺点。然则此种藏书楼功用何在? 普通重大题目,是保存中国文化之结晶。凡有爱国精神之国民,闻之莫不称美佩服。然而细察各藏书楼之历史,实少鲜洁有精神有作为之事实。多半藏书楼反为中国增多国耻:何以《永乐大典》分散至各国? 何以敦煌遗迹多在英法二国? 皕宋楼何以流到日本? 日本人书肆所售中国古书,何由而得? 保存中国文化,原必保存而流日本? 岂非要日本人及西洋人为吾国保存文化哉? 宋元明旧本年代久远,纸将成灰,不能翻阅,故当保存不借,然何以尚不能保存? 中国旧式藏书楼,虽书不能藏,遑论用书读书! 论私人藏书目的,则为"藏之名山,传之其人",为子孙余荫,家庭世袭,或为好奇赏鉴,甚至玩物丧志,焉得谓为图书馆? 总结以上各端,所以吾竭诚希望在革命声浪极高之际,旧藏书楼亦因而革命化;以后所办,则皆现代新图书馆。

藏书楼既然如此,所以转来研究现代图书馆! 具何种精神,何以非旧式藏书楼?

夫图书馆乃文明国之征象,观一国图书馆,可以见一国文化之消长。图书馆中之书,乃动的,非静的;必须流通;非为落灰装饰而设,故书应可以借出图书馆,回家去用。假若有虎头牌,必系"欢迎读者"四字。人皆有资格为读者:无论皮匠,铁匠,小工,瓦匠,木匠,学生,居户贫富老幼毫无界限,一齐欢迎! 惟其如此,所以图书之功用与范围当然亦大。图书馆因为要流通,所以要建立在交通极便利之通衢大道上;并在各处设立分馆以期普及。多半省立图书馆以外,各城中,仍有公立图书馆;公立图书馆有为私人捐助而成,经常费由城中自己捐出;亦有以本城市中图书特捐而办,但因为民众自动创办,所以管理员乃以人民公举,或以学术资格考取,总之无位置私人之弊,至于管理员之态度,和蔼可亲,循循善诱,自认为人民公仆,决不有骄傲自矜之官气;非特如此,而且有图书馆学智识,受过图书馆训练,借书者来借之时,无须表示感谢之意,图书馆对于读者之功用,是读书;是以书求得心身之安,及精神上娱乐,与咬文嚼字不同,而图书馆目的,是文化的宣传,及科学常识之普及。总合二者,可得以下总结:

藏书楼是:(1)静的(2)设在山林(3)官府办的(4)被动的(5)贵族式的(6)贵保存(7)注重学术著作(8)文化结晶的机关(9)腐败化的

图书馆是:(1)动的(2)设在城市(3)民众办的(4)自动的(5)平民式的(6)贵致用(7)注重精神娱乐(8)文化宣传的机关(9)革命精神

图书馆与藏书楼之区别,既然如此,再论现代公共图书馆之意义,分述于下:

（一）辅佐学校教育之不及

社会之有教育机关,分大学,中学,小学,专门学校等等,无非以程度年龄而区别组织,其实学生之入校,不过学习使用图书而已。然学校图书馆,每因课程,程度,年龄,经济种种关系,以致书籍亦受限制,大学图书馆,专门添置校中课程需要之课本而已,课程以外,不能添置;中学图书馆亦然,其他小学及专门学校图书馆亦莫不然。至于学校与图书馆之区别:大概学校责任在指明读者之方向;图书馆任读者自择其命运,责在指导其命运之途径,学校乃"教"之责任,图书馆所以帮助人学习;学校决定吾人所学,教吾人学之而已,图书馆寻找吾人所欲知,而就其范围供给之;学校所学,为武断的,粗浅而有偏见,图书馆供给各方面材料,无所自擅。

由上所述,所以学校参考所不及正式课程以外之书籍,惟有公共图书馆将普通书籍送至学校图书馆,或为参考,或为课外自修。若非公共图书馆之援助,则学校学生不免中单调课本之毒,以至孤陋寡闻。学生虽能从学校卒业,然于社会生活丝毫不能有济,安望学生卒业后,能为社会之大器乎?况且现在道尔顿制教育上之学校学生,自动按个性而为专门之研究,全赖学校及公共图书馆为之利器。现在美国常有学生借图书馆之书,在家自修,经图书馆及校中教务处之考试,得与此学生以学分。然则图书一事,乃仅就广义社会教育,辅佐狭义形式教育之不及而已。

(二)图书馆即是教育

举凡环境所可为见识学问者,皆广义教育。故图书馆乃有教育性之环境也。使图书馆环境优良,定可于无影无形中发生陶养人品之好结果。美国人眼光中,目图书馆为社会教育必有之机关,且谓图书馆为教育中之重要分子,常见一班学生中学毕业往往为经济所迫,不得已脱离大学,从事谋生,有能为缺读书机关而埋没者不知凡几。所以学校图书馆主任,对于各班学生,特别加意爱护。学生在学校,务求养成爱读书习惯,训练用公共图书馆之方法无微不至,使中学学生而升学,则知用大学图书馆;万一不能升学,宣布与学校脱离关系,不至于与教育脱离关系,仍可在谋生余暇之外,借公共图书馆,继续研究学问。大学学生有爱读书习惯,及训练用公共图书之方法,如万一不能继续大学学校生活,半途出而谋生,亦可继续研究学问。公共图书馆对于此类中学大学半路出校者,既然有如此益处,为一班未识字或粗识字及识字未入学校者,益处更大。教育家向称公共图书馆为平民大学,原非虚传的。美国自欧战以后,顿然觉悟其国内不识字之外国人太多。美国乃是著名教育普及的国家么?现在自己仍知道自己之缺点,想力求补救方法:方法即利用图书馆,作美国化之宣传;由美国化之运动,引到现在所最得称美国人为不错,最引人注意之成人教育路上去。中国教育,尚不能普及,能识字者少,能读书者更少;中学学生出来谋生,大半不充当教师,就是在邮政局,铁路,纸烟公司,大洋行等处办事,向无用图书训练,如何能使之继续读书?中国成人教育问题,比美国更严重百倍,然而图书馆事业无人过问。从前刘光汉曰:现在国学式微,由于士不悦学,此非不悦学者之咎也。书籍不备,虽欲悦学而无从,此则保存中国文化及发挥中国文化之隐忧也。此语所论中国情形，尤为透彻！

（三）精神娱乐之最高俱乐部

按平常人之工作，教育家行政家每日必有五小时空闲，一年有二二三六小时之休息，即为全年八七三六小时中之百分之二五·五九（见下表）；空闲的百分数，与工作百分数相差不远。

工作休息时间百分比较表：

事件 所需时 类别	每 日	每 周	每 年	年百分数
工 作	8时	48	2496	28.57
睡 眠	8	56	2912	33.33
饮 食	2	14	728	8.33
体 操	1	7	364	4.18
休 息	5	43	2236	25.59
总共时间	24	168	8736	100.00

但不及睡眠时间之百分数，寒暑假及普通假期，尚未计数，吾人之教育问题，即为教育吾人如何利用此多数之空闲时刻耳，使吾人不能利用此时间为正当消遣者，即为教育之失败；反是如能利用此时间为向上生活者，即为教育之成功。人生不能无娱乐，故逐日工作以外必有娱乐消遣之方法；方法要皆不外公园，戏园，影戏馆，游戏园及赌博而已。美国为工业化国家，更不能朝夕作机械工作而无娱乐；但是工厂工人，类皆粗而不识字者，此等人之消遣方法，惟有看下等影戏，赌博，饮酒，或寻花问柳，所以大工厂往往自设娱乐馆，晚间或放电影，故能杜绝下等娱乐之弊。而工厂中，有专门图书馆者，亦添置通俗书籍，如游记，传记，戏剧，小说等有兴趣之书籍，以供工人之阅读。所以公共图书馆之责任，即为使图书馆变为一般人之最高俱乐部。譬如常看戏者，戏散后即至图书馆，借戏台上所演之戏书。又如有人以文字为一生欣赏之妙法，工作外即至图书馆借书或看书，其所享受之文学，较吾国的八股老先生所看

者为多！公共图书馆是富于社会化之娱乐机关,足以启发高尚思想,养成伟大人格,促进革命精神。

扩而充之,推而至于家庭烧茶煮饭之少妇老妪,伊等无聊奈时,即到图书馆中借书看。公共图书馆作精神之最高俱乐部无可疑议。吾国人民之多,无业游民之众,恐居世界第一。上等无业游民,往往自称道学先生,口口声声谓人心日微,江河日下,但彼等无事之娱乐方法为何？非赌博,即蓄妾,尚无耻自称,风流韵事,恬不为怪,焉得看书借书？上等者如此,下等游民,更无论矣。至于烧茶煮饭之少妇老妪,朝夕闷处家庭,不见天日,尤为无赖,况中国社会教育,原不发达,图书馆博物院皆新名词耳,上等游戏场可说绝无,纵有一二戏园,安见其纯正,何怪乎吾人,群居终日,言不及义,或竟小人闲居为不善,论及普通号称读书之人,虽分内职业上应读之书,尚置之高阁,又焉能以读书为娱乐为消遣乎？

（四）传播消息及智识之总机关

公共图书馆之又一部分事业,乃是设立通消息之机关,是为Information Bureau,无论何人以各种问题问难,无不详为答复。所见问题可举例如下：

（1）中国如今战事如何？是何缘故？何时可止？绑票情形如何？

（2）中国铁路共几条？共长若干里？资本若干？

（3）中国女子古装何样？请示以图？

（4）关于中国问题,有何书籍,可以参考？

（5）中国之大宗出口为何？大宗人口为何？何货尚缺,可运去畅销,并可带回何货？观以上问题,可知美国人非常关怀中国,而吾国人如此关心外国,则不多见。甚或问极精深或极琐碎之问题如：

（1）杜威哲学之敌派,以谁为代表？

（2）新诗之领袖为谁？

（3）诚实为极安全政策,一语,出于何书?

（4）咏秋节之诗,在何书可以寻出?

（5）某小学学生欲在班上讲故事。请代寻一首故事。

（6）某妇来问针系何人发明,起于何时?

种种问题,及相类之问题,皆发现于公共图书馆中日必数十。管理员必细细寻找答案。在答者只查书写信;在问者执其答案,得益无穷。中国挂虎头牌的藏书楼,尚不许人登堂,焉能作如此答复。答复方法,用电话,或由邮作书答复。

如果除在学校学生与已出学校学生上自行政官吏,动笔墨者,或是不动笔墨者,下至经商者,银行家:无论受过形式教育,与未曾受过形式教育皆知自己利用图书馆为自己事业之参考,而且还愿自己不惮烦恼,自己继续学习;为工之问题,为农之问题,皆可以参考图书馆,以至政治学,军事学种种问题……,无一困难,图书馆不能解答!

为答复种种问题,故图书馆内设置参考部,购置多种参考书籍如字典,辞典,年鉴,百科全书,手册,电话簿,索引,杂志索引等等如 Public Affair Information Service(简称 P. A. I. S.),或 International Index 等。或报纸剪裁之新闻,凡可助解问题者,莫不搜集,而珍惜之。

余常游美国名城,每抵一城时,必先访图书馆所在,盖图书馆一得,予欲询城中名胜,风俗,及其他琐事,极为便利。车站虽有旅行指导,然尚无图书馆中人答复之綦详也。

（五）社会经济

一人之经济力有限,一社会之经济力亦有限。合众人之力,以购一书则易,合社会之力以建一图书馆亦甚易。故合群所办之公益事,皆社会经济事 Ceoperative Purchase(Public economy)。现代公共图书馆发达,人民既可少购图书,如吾人往他处授课,或往他处短期演讲,假使各地均有好图书馆,则吾人不问至何处,不用负重笈以往。美国学生,买书者颇少,固其短处然亦美国之好处。盖图书馆林立,不必备书。吾等现在不问至何处,定要买书,定要带书。金钱实在来不及,转运亦感不便。公共事业,即私人事业;推广,保守,爱惜,公共事业,即推广,保守,爱惜私人事业。公共图书馆乃社会之各分子合资组织而成,故吾人应当抱推广,保守,爱惜之态度,一若吾人之私有者。

(六)宣传文化之总机关

学生在学校学习,是学习吾人人类祖先几千几百年前,筚路蓝缕,惨淡经营,煞费苦心所得之总成绩,是为精神遗产。由粗俗知识学问,从而用科学方法整理之,组织之,是为文化。学校之责任,即为遗传此精神遗产于后人。图书馆既认为是广义的精神教育,那么当然可以看图书馆为人生之大学校,无时间,年龄,程度,任何方面之限制;所以图书馆不仅是收藏几本书籍,并且还要使书籍有益于社会,发生极好效力。

美国近年,自发生美国化运动以来,各公立图书馆无不负一种责任;此责任就要用书籍感化留美之欧洲人成百分准,美国人(100% Americans)主意在变更此种,人文化上之性质,感化之,使服从美国法律,使之与美国发生爱护及爱敬之感想,因而想不回祖国,反赞美称颂美国图书馆内有一种特别设立,名为美国化办事处 Americanisation Bureau 或名外国人部 Foreign - born Bureau。就吾人观之美国人未免太偏;实在此为美国在国内施行之文化侵略政策,不胜可怕! 好在此种功作尚无为中国而设,固因管理员不识中国字,更好在在美之中国人,除学生以外,无人入美国图书馆。然则吾等何不以图书馆感化吾国人民耶? 何又不能以图书馆感化在华之西人耶?

方今党的教育正盛行国中,何不利用图书馆以为国民党宣传党义党纲之机关乎? 果能如此,方可望陶镕普通民众,于无影无形不知不觉间接收国民党之真信仰,真精神。

8

庄子曰"人之生也有涯而知也无涯。"吾人在世,寿命短,而世界上学术,无穷无尽,科学发明,一天多似一天,一年多似一年。进化无已,知也无已,然科学文明,日见增高,人之材力有限,所以按下图中:全人类之人有限,时间历程按时更变科学习识进步,一日千里,到至高无穷尽地位;但人之智识能力,有限得很,世界上虽极渊博之学者决不能以其智识,包括人类一切思想知识;(不是 O 丁虚线乃是 O 丙线)如有其人,必甚荒诞。公共图书之责任,就是一面要保存人类祖先之经验之精神遗产,及现在科学智识进步;一面责任是宣传此类文化,裨益社会,使社会进步,至于无止之境;并使用者能将祖先精神遗产及科学尽步,发大而光辉之,于是可采之不已,用之不竭,用之不已,发明不已,以至学术智识,永无尽止,然则图书馆之精神责任亦重矣!

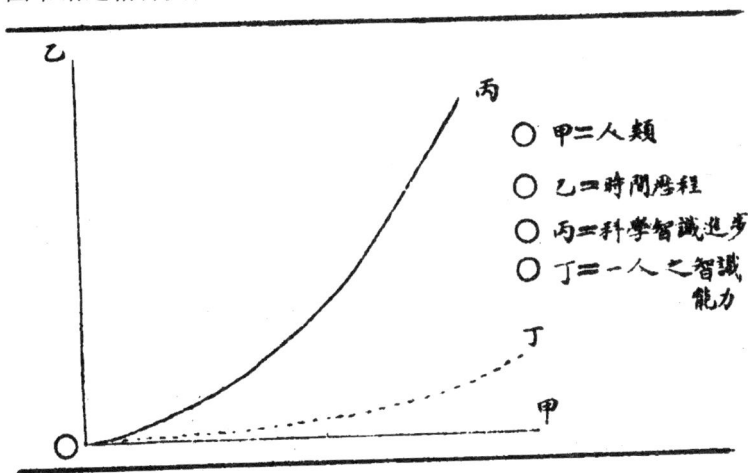

（七）"文献不足征也足则吾能征之矣"

文献不足征之国家,为无历史之国家。国家每经变故,前代文献无有不受摧残者。数百年之故宫内档案公文,常售出为包铜元纸或还魂纸,今则已售与日人松崎,此事殊堪浩叹。

从此清史,中日外交史,高丽史,听日人主持,历史上之公平真实,不可得矣。

注:民国十六年九月二十五日申报载"前年罗振玉照废纸价买去清内阁档案八千袋,罗已售与日人松崎,即日出运,其余利应以数成归昆明湖自尽之王某名下。"只余下部分在北大图学系整理,陆续登于北大日刊。其余一部在李盛铎处。

再看美国商部总长之胡斐 Hoover 以自家金钱交司但福尔(Stanford)大学图书馆所办之 Hoover War Collection 可谓集欧战时文献之大成矣。其中不论书籍,图画,片纸,单页,断卷残编,无不尽量搜集,故吾人不能不服胡斐之志愿、之见识、之坚忍与牺牲金钱;而今此藏巍然独存,为欧战史料之总汇,得为其他图书馆之冠。吾国"隐秘之书,枯槁之作,专门名家之藏,日久沦亡。祖龙无道,而燔诗书;唐将称兵,简编零落;或覆甕代薪,累经书厄,文献之存于人间者几何?"四库之有禁书,毁书,抽毁书等,而文字狱大兴;庚子联军,《永乐大典》辗转散于他国:文献之受摧残,殆莫甚于吾国矣!前车可鉴,然时至今日,若不就各地图书馆努力以求保存文献,使得免于水火兵燹;否则"后之视今,亦犹今之视昔",图书馆其各努力乎!

注:袁同礼:《永乐大典考》 《学衡》26 期
  李正奋:《永乐大典考》 图书馆学季刊 1:2:215－223
    十五年六月
  袁同礼刘国钧:《永乐大典存目》 中华图书馆协会会报
    1:4

总结以上所讲,我们不能不谈谈以往藏书家的迷信,和今日关于图书馆的谬误观念,大略加以评判。

(一)卫道之迷信

张金吾《爱日精庐藏书志》例言云:"是编义取阐明经训,考证古今。故经史两门,所录较备。若别集一类,古人精神所寄,要皆卓然可传,故亦兼收并采,不名一格。至若艺术,谱录,九流小说,

10

以及二氏之书,择其稍古而近理者,略存数种,以备一家,盖编术遗书,当以穷经研史为主,不以百氏杂学为重也。"自来藏书家观念六经以外,皆邪说异端,九流三教,故诸子皆在摈斥之列,虽文学亦称雕虫小技,此种思想,不独笼罩一切思想自由,甚至图书之收藏分类,目录学等无一不为此观念所限制,无或能脱离之者;以致藏书事业,不能发达。

(二)天数观念之迷信

黄宗羲在《天一阁藏书记》云:"书者,造物之所甚忌也。"又曰:"典籍天下之神物也,非其人,非其地,则神物不能以久聚。"世善堂主人云:"……亦数有必至。"藏书家有天数之观念者极多。书籍遇有不善,或遭书厄,则必委之于命运,以为人不可以胜天,决不说自家保存方法之不善。

(三)传统观念之迷信

《世善堂藏书目录》一主人序云:"古人有言,积书以遗子孙,子孙未必能读。吾买书盖以自娱,特未即弃去耳,非积以子孙遗也;子孙之读不读,听其自然;至于守与不能守,亦数有必至。"此种以书遗子孙之观念,尚为达观。

昆山徐乾学健庵,建传是楼成,诏其子曰:"吾何以传汝曹哉?吾徐先世故以清白起家,吾耳目濡染旧矣;盖尝慨夫为人之父祖者,每欲传其土田货财,而子孙未必能世富也;欲传其金玉珍玩,鼎彝尊彝之物,而又未必能世宝也;欲传其园池台榭,舞歌舆马之具,而又未必能世享其娱乐也。吾方以此为鉴,然则何以传汝曹哉?因指书而笑曰,所传者惟是矣! 遂名其楼曰'传是'。"(见汪琬《传是楼记》)徐氏自以为聪明豪放,以书传统,可以能持久远,然其重视书籍如财宝娱乐诚是也;私藏以为可以传统,可以蓄德,则诚谬矣。邵长蘅又解"是"字为尧舜禹汤周公文武之道统,则尤为迂阔矣!

吾国藏书以私人为最,故弊端亦在此。"抱藏守阙,尘封未触"，"秘之于高阁，申之以不借，"或寻行数墨，玩物丧志，以独得为可矜，以公诸世为失策，所以刘光汉曰："在上者以书籍自私，不复公之于天下。……学术者天下之公器也，今以书自私，上行下效。寒畯之家，虽欲检阅而无由。当其盛时，亦欲以留意篇籍，博嗜古之名，传之来叶，以示子孙，曾几何时，而文籍之湮佚，一至此极；非独自亡其书也，且使皇古相传之故笈由己而亡。昔孟子谓'上下交征利而国危'，吾亦曰'上下交争书而学危。'"

今试举此弊之例，皕宋楼主人陆心源，果能及早觉悟以皕宋楼所储之书，归之于公，而以守先阁之书自留，则皕宋楼绝不得为日人所占矣。盖宝器归公难失，私则易失；始误于私，再误于传子孙之观念，此皕宋楼之所以流于日本也。

日人岛田彦桢撰：《皕宋楼藏书源流考并购获本末》，《国粹学报》四十四期。

欧西藏书家恒以"个人必灭，公家常存""Individual will die, Public will alive forever"一语，自勖自儆，此吾国书家所以当效法也。

（四）崇古忽今

《爱日精庐藏书志》例言云："是编所载，止取宋元旧椠，及钞帙之有关实学，而世鲜传本者，其习见之书，概不登载；若明以后诸书，时代既近，搜罗较易；择其尤秘者，间录数种，余俱从略。"由此可见一班对于古书保存自然有功斯文，然甚足表显藏书家之一种主张。述古堂主人钱曾遵王向有"佞宋"之讥；他若汲古阁毛氏之论页以购宋书，藏书家莫不以"百宋千元，明刻精钞"，以示夸耀；其实至清则明版书已渐贵，至今则价更高，且多遗失。盖当时藏书家，之不经心注意于现代之著述印刷品而独关心于古；今日之藏书家，图书馆蹈此覆辙者不可胜数，崇古忽今，只知宋椠，元刻明版聚珍之可贵，而今本书之已绝版者，精印者及普通书，均无人珍惜，其实虽以古版书视之，亦不为过。古书固可以保存文献，然未必尽适于用,而适于用者,未必尽古书也。盖崇今忽古者,为一偏之见,与崇古忽今者,如出一辙,现代图书馆当亦知所取法矣。

现代人对于现代图书馆亦有几种误解,试解释如下:

（一）以为"图书是呆人之事业,是富人之奢侈品"

办事职员,不过是书呆子。活泼泼有生气之人,绝不肯亦不屑管理图书。穷人所不可能的,殊不知图书馆是吾人智识生命泉源,不读书者不能享受人生快乐。书籍之于学问犹之饮食五谷之于吾人身体,其能养生一也。贫者之有书籍即是财宝,富人无图书即是有财而不能享受人生快乐。古语所谓"书中自有千钟粟,书中自有黄金屋,书中自有颜如玉",可见古人之重视书籍,为今人所不能及也。

（二）管理员是来读书

普通人关于图书馆第二误点,以为图书馆中职员,是请来读书之闲人;此由于用看藏书楼之眼光来评断现代图书馆。因为现代图书事业是动的,是致用的,既然要动要想致用,所以办事人就该加多,管理员之最优美权利,当然是可多看书籍,多知道书,其实虽责任内之事,亦不可完毕,安有功夫读书乎？所以西文成语云:"A librariasr who reads is lost""图书馆办事人,若读书必失败"但是关于彼等求职业进步之书,在工作完毕回家时候必定要读;所以成语意思,若是职员在馆中办事时间读书必遭失败。

（三）图书馆经费是专门买书不作别用

普通人对图书馆观念,以为图书馆所有金钱,专为购书。好似不用其他开支;办事人可以牺牲不要酬报;至于设备·文具·杂用等皆非正当用项,图书馆若有多少钱皆应购书。存此种观念者极多。其实许多图书馆经费从读者取来,拨作不正当经费,已经数见不鲜。各馆购书经费,应该在全馆预算中占百分之二十五,或百分之三十(可参观行政章预算节。)

（四）分类编目目录三事成为一事之误解

目录编目分类乃三事,而非一事;通常皆以为一事,实有大不然者。分类乃以书籍按类属之同者,置于一处,是一种方法,编目乃将各书之名称著者内容等详举而形容之或用字典排列法或用分类法排列之,然不必定用分类,即分类,亦不必定用一种。至于编目为一种手续,而目录乃已成之结果。范围限于一馆之书者为书目(Catalogue);范围多而大者为目录。Bibliography。图书用之书目有二种一为书本式,一为卡片式。研究历史上目录之种类,条例及致用法是为目录学。

(五)编印书目之谬误

现在多半办理图书馆者,不问馆内有十本书,或是百本书,或是几百本至千本,数目虽少,质量方面,值得不值得,毫不顾得,总要印成一书目,读者方面固然需要,但图书馆办事人方面,以为不印书目,不足以显出自己的工作;所以印出书本,书目者,往往无精深的研究,以致笑话百出,至于印出书目,必是书本式可以散之四方,比较卡片式似觉得便于做广告!

其实编印书目,永不能日异月新;卡片书目,新书名容易插入。且编印续编,续续编或汇编,印费昂贵,校对为劳,毫不经济。续既多,查用不易,携带仍感不便。

图书馆定义,究应如何解释,姑述如下:

图书馆定义

图书馆者乃收藏,流通古今中外人类思想经验之所在。集人类思想经验而为记载,将记载印刷装订之而成书;图书馆从而采购之,分类编目以组织之于一室,使之流通致用是为图书馆(参考计划书第一页)。

据此定义,就各方面研究之,是为图书馆学。

然有指图书馆建筑为图书馆者,殊不知建筑乃所在而已,徒有建筑而无书,非图书馆;徒有书与建筑而不能流通致用,亦非图书馆。若仅图收藏,则又何异于藏书楼? 自书籍脱离书贾,即图书馆工作之开始,继以分类编目,装订等预备手续,然后始流通致用,凡此皆以书籍致用为前提,故近代图书馆之趋势以书籍为社会服务机关(Library Sereice)。其意义与范围固非昔日藏书楼所可比拟,而其工作精神,亦非藏书楼所能奏效者。

余以为图书馆乃小宇宙耳。无论图书馆之范围或大或小,其收藏丰富与否,建筑宏伟壮丽与否,一理想模范图书馆,考其建筑书置之整齐严肃,不啻宇宙间之山青水秀,蔚为伟观;考其内之流通传书迅速,不啻宇宙间之有交通系;考其书籍代表世界各人类,各思想家,各科学之科目,古今中外,文野信仰,绝无偏见,举凡人类思想,智识,学术,文明,技能经验皆有文字,皆有书籍代表其中,诚所谓包罗万象,应有尽有,一若物质宇宙,与精神宇宙皆缩小模型而寄托于文字所写所印之书籍,而书籍寄于此相当之建筑中。凡书本,单行本小册,报纸,杂志,写本,善本等,皆记载一切思想之方法耳;考其馆中人员不啻一有组织之中央政府,一切职员,具有其专门学识经验训练,故能管理得法;考其中所排列组织内容之专门方法由其专任职员充之。用科学方法分类,标题,编目组织之成为有系统之宇宙。由各面观之,图书馆乃宇宙也。而图书馆宇宙最终之点,或不可分之元子为何?则吾以为非书籍乃经验也。书籍乃记载经验之方法。经验乃图书馆之元子,之 atom 也。而图书馆宇宙最高之目的,乃使人读书用书,换言之,即使人人能利用古今中外,各科各类之经验也。

以下各章乃分述图书馆学之范围,故此处无庸赘论。

参考书

1. American Library Association(A. L. A) ,Committee on library extension of the A. L. A. chicago, A. L. A. 1926. READ chapters 1 ,2 & 8.

2. A. L. A. Libraries and adult education ,report of study made by the A. L. A. Chic, A. L. A. , 1926 , 284p. READ Chap. 1 – 5.

3. A. L. A. Survey of libraries in the United States. Chic. , A. L. A. 1927. 4 vols. Excellant book on information about libraries in U. S. A.

4. Bishop, W. W. , The library and post – school education (Ln ' Backs of books' , Chap. 15. p. 226 – 251.)

5. Bostwick, A. E. , (ed.) The library and the society. N. Y. Wilson. 1920. p. 79 – 100.

6. Brown, Zaidee: Directions for the librarian of a small library Boston. Wright and Potter ptg Co. , 1911. 51p.

7. Dana, J. C. : The library Primer, Boston. Library Bureau, 1920 263p. READ chaps. 1 – 3 p. 1 – 8 (A book for beginners)

8. Hutchins, and Others Guide to the use of libraries. N. Y. , Wilson 1922, 227p. READ p. 1 – 2. (A good reference book)

9. Kilpatrick, Wm H. : Source book in the philosophy of Education. N. Y. , Macmillan, 1923

chap. 3. The social inheritance p. 31 – 36

10. Learned, Wm. S: The American public library and the diffusion of knowledge, N. Y. , Harcourt, Brace and Co. 1924. 80p. READ the whole book. (Very illuminating)

11. Miller, Zana K: How to organize a library. Boston, Library Bureau 1921 40p (Very good elementary book to read for those who starta small library)

12. Robinson, James H: The humaniz ing of knowledge. N. Y. Doran, 1923 READ chaps 6&7. (Very thoughtful and enlightning)

13. Stearns, L. E: Essentials in libray administration, 3rd. ed. rea. &enl by Ethel Farquhal Mc. Colough. Chic. A. L. A. , 1922. 87p. Chap 1 – 2 , p. 7 – 8. (Brown, Miller and this one are all good for chose who start a library)

14. Wallas, Graham: Our social heritage. New Haven, Yale, 1921.

15. Wheeler, Joseph E. : The library and the Community. Chic. A. L. A. 1924. 417p. READ p. 9 – 18.

16. Wire, G. E. : How to start a public library. Chic. A. L. A. 1913. 13p. Library tract No. 2

17. 杜定友:图书馆通论　上海商务印书馆　1925.53p.（上海图书馆协会丛书）

18. 洪有丰:图书馆组织与管理　上海商务印书馆　民国十五年260p.

19. 杨昭悊:图书馆学　二册　上海商务印书馆　十二年九月　共436p（尚志学会丛书）

20. 顾实:图书馆学指南　上海医学书局　七年七月　共112×2页

21. 杜定友:图书选择法　上海商务　十五年

22. ——:图书目录学　十五年

23. 陈逸(译):儿童图书馆之研究　上海商务

第二章　现代图书馆之特色

现代图书馆之意义,既如上所写,特色又如何?

（一）自由开放

自由开放可算是极要紧之特色,何以故? 若明白我国藏书楼之态度,即知开放是难能可贵之事! 赵孟頫曾题获书云"勿卷书脑,勿以吐揭书……"后面有"鬻书借人为不孝。"鬻书不孝,为吾人所承认之论,因为先人耗巨资,费一生精力,缩衣节食,方得以聚成斋,阁,楼,馆,方得窥石室秘书或宋元明精本;若是鬻土未乾,旋踵间已入书贾及他人图书馆之手,如皕宋楼,如艺风堂,是诚天下之大不孝,甚至售与日人与西洋各国且不忠矣,国人鸣鼓而攻之可也。赵孟頫眼光,顾属甚对,大盖当宋时,亦目睹人家子孙售先人所藏书籍所以引以为恨,成此格言以自勉励;然而此语只一半对。因其论借书与人为不孝,何以为对? "借书与人"是将祖先遗物,公诸世人,乃一件极体面极光荣之事,焉得谓不孝? 岂将先人遗物,置之高阁,"素蟫灰丝,听其霉烂,更荡而为荒烟野草,使先人一生苦心经营,志之所存,神之所托,后世无人知",方可以为孝乎? 再举一例,宁波范懋柱家之《天一阁书目》有扬州阮元序,阮元夸奖范氏不已,谓其所以能持久者有三:'（一）建筑独立不倚,（二）不使持烟火者入其中,（三）司马没后,封闭甚严,继乃各房子系相约为例,凡厨锁钥分房掌之,禁以书下阁梯,非各房子孙齐至,不开锁;子孙无故开门入阁者,罚不与祭三次;私领亲友入阁者,及擅开橱者,罚不与祭一年,因而典鬻者,永摈逐不与祭,其例严密如此。"夫范氏以不与祭之辱,逼子孙保存书,禁止典鬻,其苦心孤诣,尚可佩服,惟以三年不与祭之罚禁止借书从现在眼光观之,可是笑话。典鬻先人血汗所聚之手泽,是大不孝;然考藏书家史上能传至二世三世者有几人耶?果以借书为不孝,则现代公共图书馆皆建立在此础石上,试问公共图书馆又焉能维持乎?美国公共图书馆之根基与其生命原理在使书籍开放流通,使人人多借图书馆之书。每年报告中对于书籍流通若数目像中国流通之少,第二年必定关门;图书馆委员必以其无人借书,所以开着无用。我提出开放原理为特点,恐一班老先生要以我为大逆不道!其实不然,宋元明孤本善本,国中仅存无几;而且纸将成灰,不能翻阅,此类书,除一二专家外,普通人决用不到,最好是保存之使不流通。保存方法,宜从速影印,或照像皆可,恐赵孟頫与范氏之禁止借书,定有一部分理由。昆山叶与中文庄公箓竹堂叶中有书厨铭一首云:"读必谨,锁必牢,收必审,阁必高,子孙子,惟学教,借非其人亦不孝。"

赵范所见,所以不借,盖恐"借非其人",而普通人皆有借而不还之习惯。考借者心理,书值贱可以不还,书值贵可以留为奇货,更可不还。稍受教育者应从练习极小习惯入手,习惯虽小,关系公共道德极大,前辈借书之不还者,多半自己是藏书家。不单借书甚且偷窃因偷而著名者亦多。吾等当认此乃真寡廉鲜耻,大逆不道。如果公共道德提高,人人人格高尚,公开借书事,极容易办到;要提高公共道德;是教育家与社会学家之事,在公共道德未提高时,赵范诸氏之意见,仍有价值。昔吾国学者问学,亦重读书用书之礼仪。吕叔简《四礼翼冠礼类》有《展书》,《重书》二节。展书节云:"无泾指,无撮甲,书常远身六七寸。无卷边,无折角,无污痕,无乱批点。读过之书,如新可卖,亦可以观学者之所养矣。"重书节又云:"学者大病,莫大于借人之书,经岁不还,或胡乱评点,或撦

19

裂壳面，或揉曲污浊。甚者转借损失，此是学人第一大恶，苟且轻浮之病。……"故公开式图书馆，当以借者人格完全担保；而借者应以还书护书为义务。

无论中国西洋图书馆起源时，书皆封锁着，有链子捆着，决不敢开放。现代公共图书馆不单是自由开放可以借书回家，并且可以由读者随便到书库内浏览，随便翻阅自己所要之书。若为赵范二氏闻之，岂不以我图书馆界为赤化乎！

我以为世界上文化，乃倚赖三大发明。第一是倚赖印刷术，自印刷发明以来，风气渐开，封建废，专制乃渐被世界潮流所推翻，而其应用手续，简于抄写，思想传播因而更广，而人类思想结晶亦赖以保存。第二是交通往来之方法，人类因限于交通故只有小团体部落之集合，思想学术因之益窒。既而交通之术兴，人与人之往来团体范围愈趋愈大，传播愈行愈远，而往来之程度愈多愈密，思想学术乃能光大而有进步。第三乃图书馆中书籍之自由开放。何以故？无自由开放之图书馆，我以为乃封建，专制思想非时代所应有。图书馆书籍不开放，则吾人与今古思想，无可接触，无可根据，犹之交通不便，所以藏书楼之政策，闭关自守链捆锁锁，与学术界不能发生影响。印刷术所以保存文化；交通所以传播文化；图书之自由开放，使读者能与远而古圣先贤，近而革命精神，皆能有思想上之接触。读者经此番往来，发生若干智识心得，使学问可以由无生有，由有生多，而文化进步以至于不可止之境，故图书馆自由开放，所以推广文化。而近代图书馆必以自由开放为图书馆之原则，之主要政策。虽然，自由开放，并非宽容放纵，盖绝对宽容，非人人有公共道德心不可；然当社会教育未普及以前，公共道德不能有所依附，故余主张有保障之自由开放，一方使热心社会教育家提倡公共道德，一方承认借者人格担保，再则以馆章限制入书库之手续，如发入库证等，然此皆消极方法。若积极方法，当以人格自重，高尚公共道德与馆员实际指导读者为要。

（二）金钱能力

美国公共图书馆可以一望而知,第二特色。图书馆所以能普遍者,不单因为人民及官皆热心办理,根本原因是美国钢铁大王卡尼基(Andrew Carnagie)之经济援助。卡尼基有钱人皆知之,但吾人所注意者是其用途。其用账上几乎年年有图书馆之津贴,处处有其援助所建之图书馆。津贴方法大略有三:(一)是为各城各地没有图书馆地方建筑图书馆。建筑图书馆之条件,是要求地方人民担任常费或书籍费。卡尼基所建之公共图书馆,在美国到处随地可以看见;(二)是购置大批普通有兴趣书籍,分送其所建筑之图书馆,例如国际思想图书馆 Lnfernational Mind Library,其他为高深研究之用,有华府卡氏基金社所出版书籍,及卡氏国际和平基金书籍;(三)卡氏有鉴于图书馆之设立,非有人材不可,所以他为培植公共图书馆专门人材起见,于是设立纽约公共图书馆之图书馆学校,匹刺堡(Pitt sburgh)公共图书馆之图书馆学校,及爱的兰他(Atlanta)公共图书馆之图书馆学校,并以实力扶佐其他图书馆学校。返观吾国富翁,宁可将自己累来金钱,为败类儿孙作马牛,却不愿意捐办公共图书馆之事业,殊不知此乃以金钱为儿孙进步之障碍,甚至倾家荡产,身败名裂,先以为能荣宗耀祖者,转而败坏祖宗名誉功德,不如将金钱在自己活时,用来作一件相当事业,如公共图书馆等;因为公共图书馆是一件活事,金钱多可以大办,金钱少可以小办,极易更动。

注:欲知卡尼基对于图书馆之贡献,可参考 Koch:Carnegie libraries 一书,详论卡尼基捐款所建之图书馆。Learned 之 American public library & the diffusion of knowledge 第四章 65 – 76 页详论卡尼基捐款办图书馆之意义。C. C. Williamson:Andrew Carnegie,his Coutribution to the public library 论其贡献与其人格,深足为吾国富翁之所取法焉。

美国公共图书馆经费来源大概不外基金,赋税特别捐如狗头捐之类三种;有省库津贴,有全靠城中三种捐税中之一种,有三种捐税皆有,姑不详说美国全国所公认为正当之捐,是每人每年均摊应缴公共图书馆费一元。譬如南京约有四十万人民,南京公共图书馆每年每人一元计算,当有四十万元图书馆费,在中国实是梦想不到;能有四万元一年为南京公共图书馆亦不为过! 但在美国四十万元之图书馆,仍是少数,有已经达到每人每年一元之标准,有已升到每人每年一元五角之标准,虽然有仍在每年每人八角以内,但是终以一元为目的。吾国何常没钱办公共图书馆乎? 不过一起皆被滥用。如果南京公共图书馆真有四十万元经费,人人皆想进去办事,或者他团体仍争此款项,又有些新花样! 但我个人意见,吾国初办时可改义田义庄为图书馆基金,改庙宇为暂时图书馆馆址,想赞成此提议者固多,反对者却不少。

美国图书馆协会定了一个公认的目标,目标就是以最好书籍,用最经济方法,流通到最多数的人民手里,所以他们协会中有一委员会,委员责任,将新出版书细细批评,细细审查,将结果公布出来,可以给其他公共图书馆作选购书之一种根据,其他图书馆,可以参酌自己图书馆之意见,情状斟酌选购,真是一劳百逸,事半功倍。有好书籍,然后再将书籍分类编制卡片目录,更用纸头编制成为小书目单,作为广告。希望书籍普遍可以到多数人民手中,此类公共图书馆却是有主义有政策,有主义政策,加上富翁之捐助,所以才能成事。吾国现在藏书楼,又焉有主义有政策乎。既无主义,又无政策,更且无金钱,纵或有钱仍须拨作别用,所以到现在仍是奄奄一息不能发达。

(三)图书馆广告术

图书馆广告术,是因应用商业广告术而发达。广告术之用不一定限制在商业性质事业中,公共图书馆如要扩张图书事业,必要采用其法作宣传之利器,或本馆印刷目录,或本馆每年报告,或作图书馆小史,或作图书馆之新发展计划登在当地报纸上。图书馆

22

若无种种宣传广告,外界对于图书馆内管理人,不知有若何秘密? 不免会引起怀疑态度,有时图书馆或送一种请帖至人家内,表示欢迎读者之意,并公布图书馆内部所司何事,如何组织,有时城中各公共机关内,虽旅馆客栈,公共图书馆皆放标语广告单或请帖,所以无聊奈之旅客,亦可借图书馆之书籍。但徒讲究广告,而不讲究根本事业亦不能持久;广告虽好,货色不美,终久要败露。根本事业在内部组织之完善,对外服务之有精神,办事人之肯牺牲,此乃真正广告。

注:关于图书馆广告最好的一本书是 J. L. Wheeler:The library and the Community. 其中内容完善,经验丰富。此外有英国 W. A. Briscoe 之 Library advertising, Bostwiek 所编之 Library and society 及最近出版的 G. O. Ward:Pablicity for public libraries,甚值得读者之参考。

(四)公共舆论之扶助

大凡社会事业之成功与失败,总须凭著社会一班人对于此事业之态度如何。态度如果是一种扶助合作,此机关一定可以持久发达;如果普通人态度对此事业皆有消极的破坏批评怀疑,无社会舆论之扶助,此事业必定失败。美国公共图书馆所以能蓬蓬勃勃,经过五十年光荣历史,即因为凡受过教育者,对图书馆皆愿意舆论上加以扶佐,人人皆愿意热心提倡;至于扶助方法与具体表示甚多:有将自己所藏之书,赠送图书馆;有捐送金钱为一种基金或特别款;有介绍他人赠送书籍或款项;凡此皆物质方面之扶助。精神方面,则与图书馆以正当积极的批评,或鼓吹或提倡,与拥护管理员实行馆章。但是舆论事是属两方面,外面舆论固然是维持好,仍要图书馆内部管理人,大家合作,大家努力,如果想得满意公共舆论,惟有尽'求其在己'之责任,使读者满意,予读者一种美好精神及和蔼感想。极好鼓吹或提倡图书馆者,惟有是常到图书馆去用书者能之。然更应知好舆论乃是好管理员好读者互相造成,决非一方面,是双方之责任。

图书馆非有公共舆论不能维持,如果无之,此自由开放之说,决不能实行。譬如今有某甲偷书,公共舆论大家皆议论此偷书者无人格,卑贱下流,破坏公益。社会上人人皆如此轻看此种人;凡人皆想在社会上出头办事谁敢冒不韪乎?

中国社会上向无公共舆论,更无此种正当舆论,所以偷书者社会不目为无耻,偏称之为'雅贼,'或谓之好学,简直鼓励人作书贼,社会舆论若仍抱持旧主义不改,中国公共图书馆永无自由开放之机会;一次某大学图书馆管理人告我谓"读者不单偷书,而且还偷不值钱的报纸呢!"……此仍是受大学教育者,叫普通未受教育者岂不将图书馆皆肱篋倾囊以去耶?公共舆论不发表,焉能使图书馆实行开放乎?不过造成公共图书馆舆论者,仍是属教育家,及现在在教育机关作事者,与一班社会学家,而且经济来源多寡,馆章之施行,馆中之秩序皆非公共舆论为之后盾不可。(大凡论图书馆广告术的参考书,多半论到公共舆论的问题)

(五)巡回文库

现代图书馆第五特色是巡回文库!藏书楼已在前道及,是锁着不开放,巡回文库更进一步,不仅是开放而已,如果人民因朝夕工作太忙,路途太远,不能到图书馆取书,图书馆为普及此班人起见,便想出方法将书送至读者手中。方法甚多,或选择人烟稠密地方。设分馆或临时机关,像中国现在邮务代办所一样,或用长途汽车,管理员每日去一次,周巡各地。向知藏书楼者,或以为巡回文库是多事,可以不用,殊不知农民乡民所得之益处甚无穷尽。不单各城图书馆推广部尽力推行,而且各州各省,亦有专门管理员。日本和欧西各国皆渐采用此法,我国亦有雏形,此固为有效有益于人民而后各处方才仿效。

注:关于这类的重要参考书有 Duncan Grey 之 Country library system. H. C. Long 之 County library service, R. D. Mao Leod 之 Coun-

24

try runal libraries 及最近美国图书馆协会出版之 Library extension
诸书。

（六）成人教育运动

假设吾人寿命以夭寿而平均之为五十岁，如后图，吾人自一至

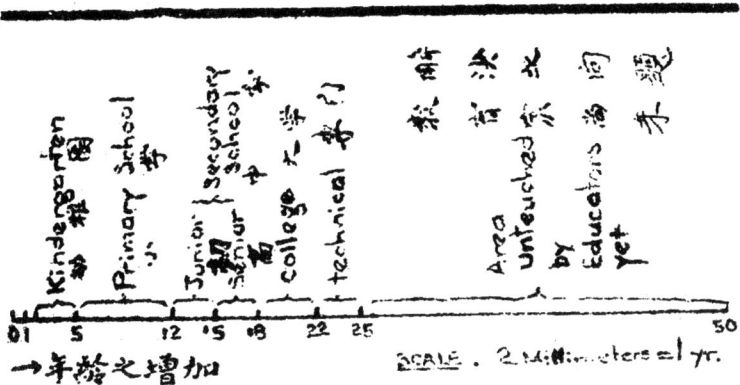

PROBLEM OF ADULT EDUCATION

成人教育问题

二十五岁，由幼稚园，而小学，而中学，而大学，而专门，是为形式教育时期。然后造成为社会专门人材；此类人材，有专门学识，需要专门书籍；力能自备者固自备书籍，其不能者必有赖于图书馆，因图书馆实资专门人材之成人教育之责任。此类人固属少数，若是而至二十二岁大学卒业而能入专门者，其自二十二岁至五十岁之成人教育与指导，更为重要。惟今中国初小高小卒业而投身社会者极多，其成人教育与指导之责成，尤为重要，盖其程度浅，年龄幼，处世之日期短而经验缺；下而至于不识字之人，教之之难。人数之众，莫此为甚，是为成人教育问题之中心。直言之，图书馆即

解决此类人教育问题之总机关也。

前章曾述及成人教育，此段则论成人教育运动。美国公共图书馆运动，初办时并未有什么意义，又无目的，近年来图书馆运动大目标，即为成人教育运动。成人教育运动之领袖，承认公共图书馆是其运动助长之惟一方法，图书馆家承认成人教育是其目标，互相提倡，美国公共图书馆于是又增加命脉，和气力，世界思想发达史承认最后发明乃"人为人"；图书馆运动亦甚相似，到现在方知道用图书馆一班成人，与一班尚不知道用图书者之教育是无人闻问，所以方发明"成人教育运动"。吾国早数年轰轰烈烈由平民教育促进社编辑《平民千字课》一书。陶知行先生熊秉三夫人等到江苏安徽等省演讲，并且各处开办平民学校，非常起劲，从平民学校毕业者甚多，得益处者亦不少；但我进一步论此班从平民学校毕业学生，以后如何？仍有地方可以去寻书读乎？抑或毕业以后就毕了读书之业乎？吾人应当诚恳感激熊陶各位先生热心毅力；然而吾等不敢便相信在彼辈意中一部千字课便毂平民一生用处，便是平民教育之止境。谁能说不应该在平民学校以外，还应有供给平民读书之机关，除千字课外，仍应有程度可以衔接之读物。平民教育促进社现在事业，方是平民教育之第一步！第二步事业，不能不依赖公共图书馆。不要把图书馆看成学者之专用物，其实亦平民智识之唯一简便而又稳妥之泉源，所以美国成人教育运动必定和图书馆运动并驾齐驱；公共图书馆运动与成人教育运动是二而一，一而二，分不开。美国是教育普及之国家，尚且用全国力量，提倡公共图书馆与成人教育运动。中国不识字人民在三万万以上，对于公共图书馆与成人教育运动，岂不更当出中国所有经济能力来办乎？其实成人教育运动之责任，旧式藏书楼是闻所未闻焉能担负此责任乎？

关于成人教育的参考书有 W. S. Learned 所著之 American public library and the diffusion of knowledga 及 A. L. A. 成人教育部

委员所报告的《成人教育》(Adult education)

总结以上,现代图书馆积极努力之方针最基本的,约有以下八点:

(一)有保障之自由开放

开放图书馆,应先尽能开放之书入手,许读者借书回家,惟古本,孤本,善本,写本,不在此例。至于保障之法,前已论及,惟决非令读者购阅书券所能保证也。

(二)提高公共道德

提高公共道德之重要已述于前;至于提高方法,惟有在社会教育家:一方躬自实行,以为引导,一方常有公共道德讲演,以资提倡,皆期祛除偷书,裁书,不还书等弊病。而于图书馆中规则,应一律加以执行。

(三)以精神服务为广告

图书馆须在最低限度内以印刷为广告,如印读书单书评,及引人入胜之广告片,使人人一见而生读书兴趣者,惟不必滥作广告,反失效力且糜重资。然真正广告,要以服务者有"以为公仆为乐"之思想,发之于和爱诚恳之态度,一洗昔日官僚习气,方能保持图书馆——民众机关之真精神,故管理员宜选有图书馆知识,曾受图书馆之训练,或具有多年真经验者;而最要特性,须有肯牺牲之精神,勿以图书馆为养老院,为啖饭地也可!

(四)基金稳固

欲农图书馆不可空谈提倡,或作报纸上例行公事之鼓吹,根本上必须得相当之金钱为援助,或个人承认基金或提倡每人每年至少须认一角大洋图书捐。当以捐于民者用于民为原则;切不可徒劳民伤财,多出开销,尤不可挪为军饷,或他项政费,或仅拨小部分为图书馆之用。

(五)编制成人教育用书

现在所出版书籍虽多,能适合平民所用之普通有兴趣常识书籍,为数寥寥;以吾国人民不识字者之众,实为全国之一重大问题,即粗识字能识《千字课》者,亦无书可读。其所有书籍,或枯槁无味,或皆儿童读物,或文字结句嘐牙,缺乏图表。今日解决方法,当然非将以上所述,加以研究不可。至于材料之来源如:(1)审定旧书之合成人教育用者,其不当之处,就原书加以更正;(2)创造新成人读物;(3)译述西洋著名之成人教育书籍。此种读物内容须用浅显清晰之文字,佐之以新式标点,使一般人容易了解。此外另聘专门学者编辑有兴趣之定期刊物使读者缔造生机,免流于腐化之弊。惟凡各刊物,均须适合我国国情为标准,否则徒劳无功,何补于我国乎?

(六)鼓吹与促进成人教育运动及公民读书运动

图书馆须训练学生——自小学起——与普通人皆有爱读书,借书,还书之习惯。并联合各图书馆立"成人教育运动周"及"读书运动周",是亦为提倡之一法。尤要者,即训练人人脑海中时时常忆及图书馆,以图书馆为高等娱乐部,爱护备至;图书馆能至此程度,其收效方可谓宏。

(七)图书馆新方法

近数十年来图书馆之所以有成功者,以其维新改良,力求进步。新图书馆对于方法之进步应采取者如:(1)防火书库,(2)编制卡片字典式书目,(3)新式活叶记录(4)书车电话等(5)流通机关等等。至于各种新方法之详细说明,常于后列各章中分述之,不赘。

(八)任用有图书馆专门学识之人

现代图书馆之发达非旧式目录学家之贡献,乃新式有专门训练专门知识之人才。中学图书馆至少应用中学毕业而有图书馆训练之人。公立图书馆亦然。大学图书馆与专门图书馆则所需更为重要。

注:第一组二两章之大部分曾见于图书馆学季刊一卷三期拙著藏书楼与公共图书馆一文中,惟多所更正增补,特此付志。

第三章　现代图书馆之种类

现代图书馆之种类繁多，名目各异。目的不同，书籍之收藏亦不同。收藏之所以异者乃以读者程度年龄兴趣为之转移，欲知各种范围不同之图书馆，故必依种类分别罗列为比较研究。其范围与目的固非昔日藏书楼可比。旧日所有种类，虽有馆，斋，楼，阁种种名目。然不外官府庋藏与私人庋藏二种。收藏古板孤本，不出乎四库范围之外。考现代图书馆种类之分类者有数，比较可以参考者，有洪君之所谓普通种类——依程度区别，则有儿童图书馆，普通图书馆，专门图书馆；依经济来源而分别者，有国立，省立，县立，公共机关，私立图书馆，学校图书馆种种（见洪范五《图书馆组织与管理》，第四章图书馆之种类）

图书馆种类分类之根据　欲知种类之所以区别，非研究其根据不可。尝考图书馆可有以下之五种依据。

（一）依经济来源为根据

凡图书馆皆有经济来源，既皆有来源，则不成为分类之根据。且有一馆有数种来源者则更不足以为根据。

（二）依程度之高低为根据

图书馆之读者，皆有程度高低之不同，岂仅大学，中学，小学图书馆方有程度之区别乎？故读者程度之高低不成为分类之根据。

（三）依公开与否为根据

若依此为根据，则所有图书馆只可分为开放与不开放二种。

且有图书馆为有限制之开放，或对于一种人开放，或只一种书为开放……故开放不开放，不足以为标准。

（四）依收藏内容为根据

收藏乃图书馆主要事件之一，然非绝对的标准。

（五）依功用区别为根据

余以为现代图书馆既以流通为目标，则其主要区别应以其作用为主。明其作用与流通方向，则知读者之兴趣程度，知读者之性质，则知收藏之内容，知收藏之内容，即可知经济之来源，无一不互相关系。而书籍之功用，实为主要根据。故书籍功用之不同，乃图书馆之基本区别。以功用分别则有：

（一）负保存责任之图书馆。（二）负教育责任之图书馆。(三)负社会经济责任之图书馆。（四）专门图书馆。（五）负责研究之图书馆，五大类。闲或图书馆俱有此五种效用，亦未可知。每图书馆各有专责间或专责外，有属责任，而其轻重则显而易见。兹就其功用分类举例以证明之：

（一）负保存与永久不灭之责者

一国一省一县一市一乡之文献非赖图书馆不足以保存并使永久不灭。故一国之国立图书馆，一省之省立图书馆，县立图书馆，市立图书馆，具有重大之责任。

（甲）国立图书馆——国立图书馆为一国文献萃集精华之中心；一国文化之进步系焉。法有 Bibliotheque Nationale 国立图书馆立于一三六八年，为存于人间最久之图书馆。惜自欧战发生以来，顿呈停顿现状。其次当数英伦博物院。图书馆特博物院之一部分耳。美之国会图书馆（参考李光忠《国会图书馆记》见《中大季刊二期》）实居第三。此馆原义专为议员所用。既而由近任馆长扩充至有国家图书馆之实。以美国之富，与其对于收藏图书，爱护图书之热心，及今仅有百数十年之历史。精明强干，奋发有为，实不难超乎法国之上。诚所谓后

30

来居上。至于吾国则瞠乎后矣。形似国立图书馆者,仅北京之京师图书馆耳。至于工作则搜集今古各国文字书籍,地图,小册,杂志,报章,档案,公文。包罗万象,应有尽有或与他馆书籍互相流通或与他馆交换书籍或立版权法,或为专门研究,或培植人材为专门之训练,或偏重参考关心询问答复,或编制目录。

国立图书馆主要目的在保存文献,供高等学术之研究。故其功用在保存与供专门参考,为一国学术界领袖之研究机关。

注:Rawlings, Gertrude B. : The British Museum library. N. Y. Wilson, 1916. 231p.

Johnston, William Dawson:History of Ths Library of Con gress. 1800 - 1864. Washington, Govit prtg. off. 1904. 535p. (Contributions to American Library History.)

(乙)省立图书馆

省立图书馆为一省文献萃集之处。一省之文化之教育皆赖之。具供省中官员阅览参考之责亦应公开于人民。故其工作专为搜集本省与他省之立法,政府报告。本省文献,本省之著作家出版物,及本省地图,名家手册,本省报纸及专论本省内各种事业之书籍。省馆开放为近今来之新运动。中国欧洲各国仍未及皆能开放,所开放而能享借书之利益者仅少数耳。为读者选择书籍,或为读者编制书目,或课程纲要。议员参考部专为议员研究问题而设。议员会议期中,此部馆员则编制答案,搜集材料,写成议案。所谓省立图书馆委办者,(State library commission)专为管理全省图书馆事业而设,如设立巡回书库,研究并调查乡村图书馆与学校图书馆以为津贴之根据,指导与规划全省中小图书馆之组织及进行,印刷选择书籍分类书目,以为小图书馆选购之根据。省中各校教员参考问题,或用电话答复,或用通信,或以书籍寄至询问者。美国纽约州之州立图书馆委办,及伟斯康新洲 wisconsin 之图书馆委办最为著名。

省馆之一最新工作为培养专门人才。其法有三。（一）设图书馆学校如旧日之纽约州立图书馆学校一九二六年移至哥伦比亚大学。（二）就馆中依级职员以训练人才。（三）发给合格人员之证书，Certification 中学卒业而有二三年图书馆之训练或经验者可以得此证书。持此证书者，可在乡村或小图书馆中服务。按期省馆增补职员，必经省中考试委员之考试，及格方可任用。

注：Wyer, J. I. ; The state library, Chicago, A. L. A. 1915（Pre-print of manual of library economy, chap. 3）

Wynkoop, Asa：Commissions, state aib, and state agemcies. Chicsgo, A. L. A. 1613. 24p.（Preprint of mauual…Chap. 27.）

乡村图书馆必求保存一乡之文献，一乡之教育。一城必有一城之图书馆，保存一城之文献及维持一市之教育，至于乡村图书馆及城市图书馆之各种不同工作，分述于后。

（二）负教育责任之图书馆

广义言之，凡图书馆皆教育，故此类似不可成立。本类所取乃形式之教育耳。举凡专门大学图书馆，大学图书馆，中学图书馆，小学或中学图书馆，皆属焉。

（甲）专门大学图书馆与大学图书馆

二者不可分也。专门大学恒以各大学组织而成。但大学初级肄业学生，程度，需要，不及专门大学之精深。专门大学学生所用精深研究书籍。如调查报告，杂志等等。初级肄业生，有时或有需要，有时全用不到。大学成立年代之久速，所设之科系，之课程，学生之人数，教授之精神，馆中之经费，皆足影响图书馆者。大学图书馆当根据学校所设之科系各课程，外加参考书，全套杂志，索引，目录，等等。大学课程不必皆用课本，即用课本，课本之外，必有读物，或名"指定参考"为教授所指定。

国立图书馆书籍以其包罗万象，故可不选择。而大学图书馆则不然。非加选择不可。大学图书馆最少应有一万五千册书籍。

大学图书馆往往特设分科制图书馆以为一科系教师学生之便利。其实非宜。寻书不知正在何科,买书必多购重本。分科图书馆开放时间较短。此乃分科制图书馆不良之主要原因。

凡主设立分科图书馆者皆应注意及此。

大学图书馆应搜集征求本校毕业同学之著述论文等。

受大学图书馆外直接利益者为本校教授,本校学生,本校毕业同学与邻近居民。

旧日大学图书馆专为教授而设。自自动教育发动以来,学生渐知图书馆之利益,起而不待教员之指定,而自用之矣。是亦教育上之好现象也。

世之著名大学图书馆最大最古者,当推牛津大学图书馆。其次哈佛大学图书馆。吾国之最佳者为清华大学图书馆。

注:Wyer, J. I. : The College and University library. Prepriuf of manual…Chap. 4.

(乙)中学图书馆

中学之有图书馆,实为补助学校课程之不足,供课内参考补习,与课外之自修。吾国中学图书馆往往由国文主任兼任之,并无专任职员。中学学生之能得益与否,在有无专任职员与教员之指导如何? 故须设专门用书方法之课程,据美国教育协会调查中学图书馆之结果,报告提出以下数端:(一)有适当之经费,(二)有曾受图书馆训练之主任,(三)有透空气好光线之阅书室,(四)有经过精密选择之图书,(五)学校教员当负责训练学生用参书籍

注:可参考　A. E. : Bostwick, The relationship between the library and the Public schools. …N. Y. , Wileon, 1914. 331p. (classics of American librarianship.)

Marth Wilson: School library management. 3d. rev. N. Y. , Wilson, 1922 150p.

Martha Wilson: comp. …School library experience. N. Y. Wilson, 1925, 351p. (Librariansl round tadle.)

（丙）小学或儿童图书馆

小学图书馆为小学校所设之儿童图书馆,儿童图书馆为公立图书馆之所附设。名虽殊而实则一,皆一至十三岁之幼稚儿童所用。学校教师当一方启发儿童思想,一方指导读物,再则鼓励其用图书之兴趣,此既为特殊等级之读者则其用具,设备书籍皆当就儿童之所须:如讲故事,翻阅图画,就儿童之心理以引导儿童启牖儿童。儿童图书本为发展儿童知识本能,养成独自爱书与爱读书习惯,训练公民人格,儿童以年龄智识心理与成人绝不相同。故决不能以管理成人图书馆之法以管理儿童,儿童好动喜喧哗,非章程所可拘束。而儿童阅书之处,不可与成人同室。今日儿童文学虽则出版甚多;然绝少思想纯正,文字清晰,事实详确之作;故必精细选择。馆中之纪律;书籍之选择;故事之讲述方法;在在非有有训练之管理员不可。精装图画书籍之展览;中国历史上伟大人格,图像及成语之张贴;好文学书之表演。创立儿童读书周,以鼓励儿童读书,先使父母了解此中真义。儿童所读之材料,学校教师应加指导,或承认学分,或发给奖证,以资提倡;凡此种种乃儿童图书馆之主要工作也。

儿童图书馆开放时间又不与成人同。儿童读书时间,每日仅数小时。多在下午,三句起至八句钟止。三句钟前多在校读书。八句钟后,当入睡乡。

考中国之儿童读书问题,向无人提倡。有教育之家,仅以《三字经》《千字文》《百家姓》《四子书》朝夕朗诵,而心已以为有鸿鹄将至。《幼学杂字》为最重要之参考材料,他书不可得见。至于故事,小说,童话,神话等读物,儿童向无寓目之机会。此种幼稚教育长此以往,何堪设想。参考及课外读物,与儿童读物之创造,实为中国当今之一大问题。

Hazeltine, Alice I. ; Library work with Children…N. Y. , Wilson,1917. 396p. (Classics…)

Hunt, C. W. : What shallwonoad to the children? Bost. Houghton, 1915. 156p.

Moore, A. C. : Roads to childhood: viows and reviews of children, a books. N. Y. Doran c 1920, 240p.

Moses, M. J. : Children's books and reading, N. Y. , Hennerly, o 1907, 272p.

Oloott, F. J. : The Children's roading, Boston, Houghton, 1912, 344p.

Powell, Sophy H. : The children, s library, a dynamic factor in education. N. Y. , Wilson, 1917.

Reos, Gwondolen: Libraried for children; a history and a bibli ography. London, Grafton, 1924. 260p.

(三)负社会经济责任之图书馆

图书馆为社会经济社会合作之机关。见第一章。盖团体办理可节省各人之私囊。种类有(甲)公共图书馆,(乙)瞎眼图书馆,(丙)医院图书馆,(丁)军营图书馆,(戊)海军图书馆等等。

(甲)公共图书馆

公共图书馆之目的,乃为社会一般民众,无论高深学者,或普通农工商兵皆可得用书读书之机会,作学术之自修,或为办事余暇之消遣,或以之为询问机关,或以之为参考机关,或以之为终身研究机关。图书馆范围之大小,不以城市地方之广阔而定,乃以人民之多寡而定。大者一百万,小者五万,最大者七百万。以城市中之通衢便利中心为之馆所,附设分馆,书站等。数千人民之处,仅设一小馆。盖人民多者,其用者必多,用书人多之处,经费必大,此定理也。

大规模之公共图书馆,无论有几许分馆,选书,购书编目,装订一切手续,皆在总馆中预购齐全。总馆中有各类参考书。各分馆不必购选同一样书籍。盖各地方以事业兴趣不同而异其读物。故往往于图书馆未设之先必有切实之调查。

公共图书馆工作,除供成人使用外,即为儿童图书馆,前段已论之矣。此外如设盲人读书部,为盲人读书而设。学校部,为送书籍至学校,以助参考之用。图书展览为开通,引诱民众读书之法。图书目录指导部,专为指导一般民众用本馆所编之目录而设。演讲部,专为公民演讲,及社会事业之提倡,或讨论新出版书籍之优劣,印刷普通科目读书单种种,藉以介绍而兼宣传。设新书书架,听读者自由选择。收藏图画以为学校研究之标本。

极新之图书馆固应用科学发明,不遗余力。近来且采无线电浪 Radio 为图书馆之宣传。每周举行一二次,图书讲演或介绍重要新书出版,加以讨论,藉以鼓励读者并引起读者兴趣。馆内主任担任此种讲演或其他名人皆好。此固假设读者之家,人人皆有 Rabio 之设置。读者于晚间无事之际,藉此陶冶自修。一举而数得,其利益岂可厚非哉?

(乙)盲人图书馆

盲人为世界最苦之人,以其无交际往来接触,只以双目失其功用,徒唤奈何? 然其智识思想,往往超出常人,而社会反失人才,不能取其才而用之,是亦大憾。故图书馆中为盲人设法,使其亦能享受明眼人所能享受之利益,故为书以教之。书以厚纸作眼,而成字,或使纸起凸,以手指按之,而可认识,书厚而大,然用之者殊多。是乃使天无弃材,人无废人之一道,诚社会之经济也。然君国有眼人尚不能读书,且无书可读,况盲人乎?

注:Mary C. Chamberlain:Library Work With the blind. Chicago. A. L. A. (Preprint ofmanval…Chap. 30.)

(丙)医院图书馆

病人之居医院,诚不得已。苟非重创,无人愿孤独留医院中。病既为人生苦痛之事,故不得不以愉快之事,或书或画,以悦其心。医院之设立图书馆,乃图书馆之新事业也。医院图书馆乃指为病人所用之书籍,与医学图书馆乃二事也。盖医院图书馆为病人而设,医学图书馆则为医师而设。医院图书馆可立于医院之中,可附设公立图书馆内。按期送书至医院中,发起此事最力者为美国 Fdith Kathleen Jones 女士,现在 Minnesota 大学中专授此课程。该女士关于此种文殊多,可以参考。并编纂 The hospitl Library (1923)一书由美国图书馆协会出版。

(丁)军营图书馆

自欧战发生,美国加入战争,美国图书馆协会认为是为图书馆服务之莫大机会,乃倾全图书馆界之力组织"战时图书馆服务事业"。使远征兵士,籍得安慰。虽西比利亚亦设美国之"战时图书馆服务事业"。各界人士观其时效力如:正军律,研究军事学,研究战后应任何种职业,文学之欣赏,种种——莫不以为乃图书馆界之绝大成功。而今美国军营皆设图书一部。

注:欲知此种图书馆之详情可看美国西北大学图书馆馆长 Theobore MesleyKoch: Mar libraries and allied studies, N. Y. Stechert,1918.

(戊)海军图书馆

其来源与性质略与军营图书馆同。

(四)负专门图书馆之责者

专门图书馆者,乃专注重科目材料之搜集,为一种专门读者所立之图书馆。为供专门问题之研究而设。初有专门图书馆时,仅属少数,如法律,医学,宗教而已。近来工艺兴,商业制造发达。故大公司,大银行,摩不托车公司,工程,商业等等,无不有专门图书馆。专搜集专门杂志,索引,报告,小册,报纸文字,图画等等。此种图书馆之目的,可分二种,一为为当局同事自修消遣之用,一为专门之收藏,为其专门问题之用。今则普通称为特殊图书馆,并有特殊图书馆协会。

(五)负专门研究责任之图书馆

四项所论乃特殊图书馆。而不必有学术研究之结果从而发表。各处科学图书馆，或机关研究图书馆，必有相当之学术报告。

WORLD'S LARGE LIBRARIES

世界著名之大图书馆（据 1920 年之各馆报告）

Name	City	Date * Founded	Volumes	Manuscript
Bibliotheque Nationale	Paris	1368	3,500,000	120,000
British Museum	London	1753	30,00,000	56,000
* Library of Congress	Washington	1800	3,000,408	
New York Public Library	New York	1895	2,752,594	
Imperial Library	Petrograd	1714	2,615,000	34,000
Royal Library	The Hague	1798	2,000,000	6,000
Royal Library	Berlin	1661	1,750,000	30,000
Harvard Univ. Library	Cambridge	1638	2,187,900	
Boston Public Library	Boston	1852	1,284,094	
Yale Univ. Library	New Haven	1701	1,250,000	
Royal Library	Munich	1550	1,350,000	50,000
Chicago Public Library	Chicago	1873	1,213,835	
Royal Library	Copenhagen	1665	1,000,000	
Imperial Library	Vienna	1440	1,000,000	100,000
Univ. of Vienna Library	Vienna	1775	1,000,000	
National Library	Madrid	1711	1,000,000	30,000
Univ. of Strassburg	Strassburg	1870	1,000,000	13,000
Oxford Univ. (Bodleian)	Oxford	1602	1,000,000	41,000
National Library	Lisbon	1796	1,000,000	
Cambridge Univ. Library	Cambridge	1473	950,000	6,000
National Library	Rome	1875	900,000	6,200
Columbia Univ. Library	New York	1754	835,000	
Univ. of Amsterdam Libý	Amsterdam	1754	800,000	
Univ. of Munich Library	Munich	1472	800,000	

38

Arsenal Library	Paris	1781	720,000	11,693
Univ. of Warsaw Library	Warsaw	1817	705,000	
Cleveland Public Library	Cleveland	1869	775,262	
⁺Saint Louis Public Libý	Saint Louis	1865	648,700	
Univ. of Paris	Paris	1762	700,000	
Univ. of Chicago Libý	Chicago	1857	646,800	
Vatican Apostolic Libý	Rome	1450	400,000	35,000
Cincinnati Public Librý	Cincinnati	1867	650,264	

From Arnett: Elements of library methods, 1925p. 218.

＊ 1926 年报告有 3,420,345 册书籍

⁺ 1926 年报告有 726,427 册书籍,352,989 册小册

如科学社图书馆,北京地质调查所图书馆等。凡此皆吾以为图书馆所可分之种类,皆依其各种功用之不同为主者,似较其他分类为妥。至于馆内之专门工作,则因年龄,程度,目的之不同而应用亦不同,故皆不可以为根据。公共图书馆,发轫之初,为数人合资举办,近乎今日合作社性质。可谓之为合作社图书馆。私人组织为私人图书馆或“图书公司”为 Proprietary library 而后由此一变方成为公共图书馆。

Bolton, Charles knowles: Proprietary and subscription libraries. Chicago, A. L. A. 1917, 10p. (Preprint of manual…Chap. S.)

市政府及市商会所办者,有市政参考图书馆,为其专门办事人员参考之用。其他种类已比较举例,略探其梗概,俾学者可以认识。至于详细,则非本章所能完毕。

参考书

1. Arnett, L. D: Elements of Library methods, N. Y. , Stechert,1925, Types of libraries, p. 175 – 188

2. Baker,Ernest A. ed: Uses of libraries London, Univ. of London,1927. 318p.

3. Drury, Gerturde Gilbert：The library and its organization，reprints of articles and addresses. N. Y. Wilson. 1924（classics of American librarianship.）

洪有丰：图书馆组织与管理　上海商务　第四章图书馆之种类　19至26页

杨昭悊：图书馆学　上海商务　第六章18至24页

李小缘：中国图书馆计划书　南京书店

第四章　图书馆之组织

近来国内公共图书馆事业，虽迭遭兵燹，然已渐见蓬勃之象，殊有出吾人意料之外者，去岁苏州图书馆既已开幕。上海商务印书馆之东方图书馆，亦由涵芬楼一变而为公开之图书馆。浙江省立图书馆，已由旧杭州文澜阁，变为公开，且设支馆于杭州大方伯专为流通之用。即如江南图书馆，早已改为省立第一图书馆，且许人购券浏览其中一部分普通书籍，其他宋元善本，因年代湮远，纸已成灰，不堪攀揭其不开放宜也。今则虽善本书亦可用重资购券，以广学者之眼界。北京亦有北京图书馆之设。九江图书馆亦将成立。此其荦荦大者，至于次者如宜兴图书馆青浦图书馆，金山张堰图书馆皆相继开幕。可知国内图书馆日趋进步，且日趋公开，方面，假令国中统一，以军费充为图书费，努力猛进，不五十年或可超欧西各国公共图书馆之成绩，此吾人当抱乐观者。

吾人朝夕在图书馆执事者，固当有猛进直追之乐观气概，但亦当注意及图书馆积极方面之建设事业，日来金陵大学图书馆中乃时有索馆章，询组织行政各种问题来函，不下数十通，此亦各馆自求进步之好现象也。

图书馆界之趋向既如彼，而各馆实际方面之需要又如此，故本篇仅就需要范围，略述梗概。

何谓公共图书馆？

公共之为义，普通而笼统。何种图书馆可称为公共或公立乎？

大要不外以下之根据。公共图书馆乃人民之公共产业，人人得而管理之，扶助其经济，使之进行顺利。尤要者公共地方人民得不出资而利用之，是以物主之义而名图书馆者。美国波斯盾城，芝加哥城，圣路易城之公共图书馆皆是类也。亦有物属私人由私人管理由私人支配经济。本可以不开放，即开放亦可索资少许，而物主乃慷慨仁惠，使公共人民皆可不出资而使用之，是为自由之公立图书馆。自由者人民不出资而能享受利用之谓也。其他办法，即私人资产与公家资产合办而成之公共图书馆。管理权与行政权仍操之于私人团体。纽精城之公立图书馆与白符罗城中之公立图书馆皆此类也。公家管理而由私人认定基金捐助者甚少，见或有之；如此种种。皆所谓公共也。

公共图书馆之设施，在美国亦如各大公司之组织，首必有法律上之根据，或受法律之许可。关于设立图书馆之规定，多载在各城各省各国之典章宪法。苟宪法未载，得由各城各省或各国多数人民之请求，由众议员之通过，即得成为法律，补载典章，以期永久。美国各州立图书馆，类皆由此取得根据。间或有以市长或县知事之命令为根据者。亦有以私人资本创设而复与城中布政厅合资举办者，是为私人与公家合办之公共图书馆。有法律上合同为之根据。纽约城中之公立图书馆，即此类也。反而考诸吾国之正大光明典章法律。以图书一事无论或城或乡或省或国，皆无法律之根据，纵或有之，亦不过与曹锟提议办国家图书馆同样。西人尝笑吾国为无法律之国家，于此不能不令吾人痛恨。尤可异者，我国平民无人想及图书馆问题，社会优秀份子，又未想到为民请愿，既无法律之认可，又乏领袖提倡。所以无法者终以无法了之。

委员之产生与组织

既有法律根据，图书馆从而基始。其管理图书馆经法律认可之主要代表，亦必依法律而产生。产生方法必载诸法律。省立者或由省长委派，或由人民公举。城立或市立者乃由知事或市长委派,或由人民公举。合同式者,必得政府与私人之双方许可。如果统系私立而公开之图书馆,其委员由自己主持,自行制定规程以管理行政事宜。方法虽不一然皆必有委员总理。一切任务。各委员均对于法律负责。

委员人选

多则九人,少则五人,或二者之间。人多则难聚。某城中有五十七位委员,开会难足法定人数,所以问题终难解决。人多则意见纷歧,莫衷一是。人少则易于集会。至于资格则择其老成望重,学识兼富,不偏不党,酷爱图书,而急公好义,有百折不回之精神,有主张有思想而不固执,有断材,富常识。凡政客及宗教迷信家,则当屏之于外。在美国委员会中往往有老年妇女参杂其中。妇女有性善爱群,尊重他人意见者。然亦有怪癖恶妇。会聚则嚣嚣不止,必众皆服之而后已,不胜则牢骚满腹。吾国尚未开通。女子未尽解放。但选择妇女为委员,不可不慎。

委员之责任

委员之责任,在保障及扩充图书馆之利益,故宜常到馆察看,识别同伙之能力,与民众之希望,常至他处图书馆参观,藉以考镜,以知自己馆中之长短。其尤重大者为在建议新思想,及决定建设方针,委任职员,筹备经济,其他如人选,管理,选购各责任,由馆长自主酌裁,委员间或有专权,而馆长无权者。亦有委员全不过问仅到时开会,以解决一切问题者。

委员会之章程

省长或市长往往为委员会中主席。馆长任为委员会中之当然书记,委员会中往往设分委员会以专责任。有好读书者,为选书委员会之委员。有于经济情形熟悉者,为经济委员会之委员。有喜美术建筑学者,任建筑委员会事宜。有精于管理方面者,任管理行政方面之委员会委员。如与学校市政公共团体有关系处,或因管理之不良,而引起交涉,则由公民委员会处置,及调和之。是为委员分负责任之办法。亦有委员会中无分委员会者,遇有临时需要时,临时或派特别委员会以示专责。分委员会之组织,或委派,或公推,其组织系统,略如下图:

图书馆委员会组织图

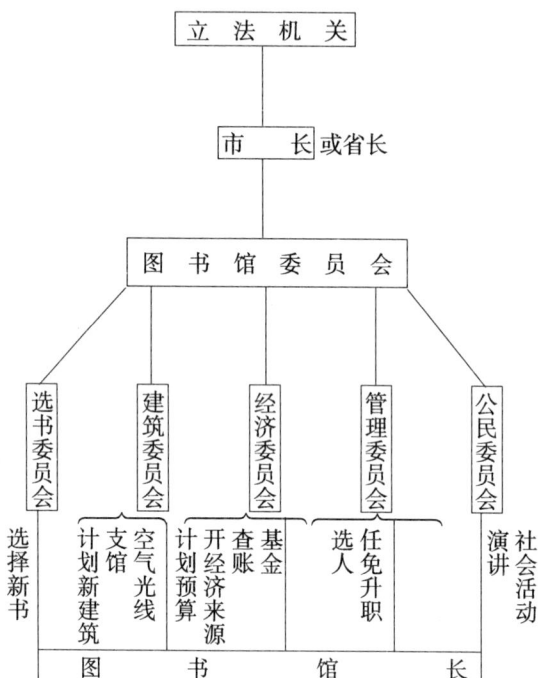

```
                    ┌──────────────┐
                    │ 立  法  机  关 │
                    └──────┬───────┘
                           │
                    ┌──────┴───┐
                    │ 市   长 │或省长
                    └──────┬───┘
                           │
              ┌────────────┴────────────┐
              │   图 书 馆 委 员 会   │
              └────────────┬────────────┘
    ┌──────┬──────┬──────┴──┬──────┬──────┐
  选书   建筑   经济   管理   公民
  委员   委员   委员   委员   委员
  会     会     会     会     会
```

选书委员会	建筑委员会	经济委员会	管理委员会	公民委员会
选择新书	空气光线　计划支馆新建筑	计划预算　开经济来源　基金查账	选人　任免升职	演讲　社会活动

图　　书　　馆　　长

会期有一年一次,或半年一次。有月聚一次,或半月聚一次者。有紧要事可临时召集。任期有定,每年轮班更梗。故委员会可保存已有,并且可以继续维新。自摄式永久会员则思想方法,难有进步。故于图书馆之发展,最不相宜。吾国图书馆,今日有合法之委员会者甚少,故保管甚难。即有有之非亲即友,或同教或同私党,滥竽充数,故永无清明之日,焉得谓为合法乎? 又焉得能持久乎？

委员会之产生,与组织其责任之分配,是为基本合法手续,已略言之。然则一馆究应如何组织,各若干部,各部隶属何者之下？职务专责若何？轻重如何？兹就国立图书馆与公立图书馆之组织分别大略讨论。

图书馆工程师 未建筑前管理图书馆建筑之计画及筹备方法。既有建筑则管理馆中空气光线及扩张建筑之预计。平日之房屋管理打扫修饰一切。夏设电气风扇。冬设热气管。平时管理馆中饮水之事,兼管理仆役一切。

参考部 除馆长而外馆中重要之职务即为参考部。参考部主任往往即为副馆长。部之主任多精明积学之士为之。惟需精于目录并洞悉字典,辞书,年鉴,类书,杂志索引之内容及组织。使一有问题,一查即得。对于读者公平看待。有求必应。有问必答。小而问字询书,大而解决问题,搜集材料。是诚为知识之府库,教授之教授。主任不啻馆中之"有脚书橱"。间或有所不知而书中亦无法查出者,亦必想法询问城中专门人才,俾得转答。近来又有用电话答复问题者,远处以信通达。或迳以书籍寄与之。

流通部 其次重要者为流通部。盖图书馆与人接触之总代表即为流通部。外间人固不知馆中幕后之分类,编目一切事体。其所凭以判断图书馆价值者即流通部。部中朝夕有人值日,虽假期亦所不避。吾观美国图书馆此部人员最有"摩顶放踵"之精神。与人接物,和蔼可亲。此部专司书籍出纳归还手续。阅书室阅报室事亦属之。又可分儿童部音乐部讲演部互借与保留部。馆中有一讲演厅。音乐部。一星期可有一二次音乐。讲演部有一二次名人演讲。或公民讲演。或图书讲演。或演幻灯片,或演影戏片。互借部可以为读者与馆通往来,互借书籍。保留者为读者便利起见,甲还书时。消账后为乙保留,不借与他人。此外如学校部专送书籍与学校用。与学校中之各课接触,藉以识服务之方向。盲人读书部专为借书与盲人者。此外支部分馆亦皆隶属于流通部之下。流通部事忙时大有山阴道上应接不暇之势。普通图书馆中参考部亦隶流通部下，然必有负专责之人。军营巡回书库，医院巡回书库，皆欧战时之新发展而遗留者也。二者贡献于普及教育，诚非浅也。（至于其开放书库及开放原理与藏书楼所不同者已详见第一二两章）

图书目录用法指导书，犹人也，各有个性存焉。吾人欲与某人往来接触，故必先识其人之个性。书亦然，吾必先知各书之性质与内容，而后方能运用周到而无遗。参考部主任除答复问题之外，即负指导用参考书其他图书及杂志方法，及卡片目录之编制法种种。人人如能得此指导，悉心领会，则终身享受无穷。参考部或编制浅易读书单，或赴学校会中讲演图书。美国公共图书馆于儿童在学校中，即加以训练。儿童升学则已知用图书方法。而图书馆又进一步供给图书目录用法指导。即或至中学而不能升学，则仍可以用图书馆以继续学问。在大学则更进一层之研究。中国之藏书楼向不注重用，更无指导用图书之机会。即学校图书馆亦多不知利用之者。殊可叹也。

选书部　图书馆不能凡书皆购。或为经费所不许。或为公共道德所不可。或全无选择之价值。故不能无审慎之选择。书之选择亦难矣。是非不清，善恶不明。甲谓之是而乙谓之非。甲谓之恶，而乙谓之善。是非善恶，无一定之标准。专制时代，凡歌功颂德者为是为善。凡有革命思想，疵议朝政者为惑众。于是歌功颂德之无聊文字，或可存于今日；其毁谤朝廷者，即遭文字狱之惨，称为禁书。书毁而不及生命，尤其幸也。然不百年后之学问家起。往往欲考证当时之思想文字，则颇不易觏。而无聊歌颂之文，反幸存焉。故后世学问家不得不叹文献之不足征也。岂文献之果不足征乎？抑或昏迷糊乱之黑暗时代，为之主宰乎？善恶是非混淆。选择书籍之所以难一也。版本之新旧，时有书估造伪，其难二也。

书籍价目之高低与馆中经济能力之强弱有关。能力弱者虽有好书不能购得，其难三也。故美国公共图书馆专设一部职员，专为选书之事。或委员会中有选书分委员会。或社会热心读书之士，来馆贡献新议。然最后购买之权，仍操之于馆长。而馆长或选择者必根据社会之需要，人民之兴味，书籍之内容，文字之优美，思想之高尚，事实之详确，版本之精美，图表之清晰，装订之结实。审查时，再参阅各家书评是否皆众口称许。再进而查图书界之介绍书。如美国国会图书馆一九〇四年所出之选择目录，是书至今共有四次续编。专供公共图书馆选择书籍之根据。

购书部　书名由馆长或参考部交来，而购书部只管购买书籍。亦有范围较大且任选书者。范围更大之处则并馆中文具器具皆由购书部购置。是购书而兼庶务者。购书事第一要节省经济。第二要省时间。公共图书馆看新出小说最多，故可多买小说重本。以期多数人皆能获益。公共图书馆之支馆多。故必多购重本。此外则无多购重本之必要。购买当有一定标准。参考书可为购书费中之百分之十或百分之二十之类，馆长宜规定此款之百分数。购买时宜得平均分配之原理。购买之法甚多。郑渔仲所谓"求书之道有八，一即类以求，二旁类以求，三因地以求，四因家以求，五求之公，六求之私，七因人以求，八因代以求。"八者而外又有多种。直求于发行处，或求之于书籍拍卖铺中。或求之于旧书肆中。或以自己所无而需要者，登广告以求之。或亲自观瞻于书肆中。或求之于书估目录。或候人以书为礼。或以己之所多，求己之所无，而亦为人所多。是曰交换。书肆亦各有不同。当地书肆近而省时。节运输之劳。或书肆之分馆。或发行者之分馆。或游行之经理。或售底货书估。无价值之预约，最不可信，书估与图书馆购书部有密切之关系，要在图书馆中之人物如何应付之耳。感情融洽，书贾之利，亦图书馆之利也。会计处有单独之公事房，管理发薪及出入事宜，与购买书籍之总账。此项间或附属于购书部。会计而外，设交换与赠予二部。交换专司与人交换。有以下之种类。曰以本换本，曰以值对值。曰以功相换。赠予礼物者，皆受而谢之，无论其为金钱或为书籍。皆宜无条件接受为佳。至于丧庆纪念皆可移其费用。以购书籍赠送图书馆，藉资纪念。一则图书馆实收其惠。一则赠者可名誉不朽。互利事也。

分类部　为商者不可乱置其所售货物。图书馆之于书，登录而后，必有条理放置。俾可书以类从，一取即得。易于检查，节省读书之时间。经济管理之劳力。类各有不同。有论理为类。有体裁为类。有时间为类。有地理为类。有语言为类。而大致不外同者归为一类。以号码代类目。即可依号码以检得书籍。如此方可达图书分类之大目的。公共图书馆多用杜威之《十进分类法》。近来亦有采取《国会图书馆分类法》者。书籍分类之大要，在适合书籍排列架上条理，使清楚明白，易于认识，便于记忆，不失论理历史地理之根据。书籍分类，非智识分类。书籍分类根据智识之分类。而重在图书馆之实用。智识分类只须将智识之分析，条而类之。只问其论理之系统，科学之组织，条理之精密纤微，不问其实用与否也。智识分类不能违哲学思想上之论理。书籍分类则可。同一马也，在智识分类则关于马之智识可以列为一处，而无冲突。在书籍分类，则论马之种类者，可以列入兽类。马为农场上之良兽，则可列入农类。沪上跑马场之马，又可列入游戏之类。马疫马疾则可入医学中之兽医之类。其他之分类法，若以色以大小分类，则非自然之分类，乃牵强之分类。知识分类可不问也。然图书分类，则不能不问也。

国中近来图书馆亦渐发达。需用图书分类法者时有所闻。旧籍皆不能超四库全书之分类范围。新籍则多各立一帜。然加以研究则鲜能超脱杜威《十进分类法者》。如杜定友之《图书分类法》，沈祖荣之《杜威改良分类法》。桂质柏之新分类法。各以为自标新异与众不同。实则抄袭敷衍。削指适履。貌合神离，四库与杜威并而伤之。反不足以解决中国之分类问题。所谓新异者转不足以过人。而况实用乎？各馆今日人各自为一法。连杜沈桂亦望尘不及。图书界中向无统一之意见。缺乏一公认之方法。故不如美国图书馆皆公认杜威为适用之方法。尚无特别问题，皆群起而效法之，运用之。吾国图书界苟能有新法焉，出而超四库杜威，并沟通中西。贯一新旧。适于图书之分类。无违论理之范围。适于应用。易于明了。则善矣。

标题 图书既经分类，则同类者必列一处。然尤不止此。各书必各为标题。论一事一物标一物一事之题。论众物者亦可为数标题以分析之。合书各为标题。各片排列后则同论社会问题者，可置一处。学者一查类目，即可得图书馆中所有关于社会问题之书籍。而书固不皆置同一架上。盖有自他类书籍分析而来者。如一书论数事，虽分类之最合论理者。尤不能尽分类之能。故必摘由标题，以补分类之不足。设有一书，同时其化学与物理材料。按分类原则则此书必归入化学。而查物理者则不能知已入化学类也。于是此书可为二标题片：一片排于化学，一片排于物理。用者一阅标题片目，即可查得此书。法至便也。如一书论数事各物者。皆可于此类推。或互著以参见。或分析而别裁。章氏学诚早于《校雠通议》中论之矣。于此一点，我国岂后于人哉？虽然章氏并未有如今日新法清楚明了。虽贩夫走卒一望而知。美国图书馆协会有标准标题书籍。国会图书馆亦有之。返观吾国中。此种事有如盲者行路。东冲西拼，无一定之标准。盖旧书无标准名词。新者正在编译中。故标准标题颇难产生。此为中国图书界之第二大问题。盖有图书分类法，不能无标准图书标题法。

编目部 编目部者主管图书馆中编制图书卡片目录之一部也。盖书籍既经分类之后，加以标题。标题之后，即为最后之编目。一书编目必有以下之卡片。曰著者片。曰书名片。曰标题片。曰丛书片。普通书每书只须三片或四片。其复杂者，多至四五十片。著者片可分著者合著者。编纂者，翻译者，各种。书名有书名之一部分，更易之书名，装订书名，或书壳上书名种种。标题同时可有数片。此不过举其大略而言之。编目实际问题，并不若是其易也，一书有一书之编目问题，即须有一解决方法。故编目当有条例以为依据。使同一问题，可以得同一解决之方法。美国图书馆协会与英国图书馆协会有合编之《编目条例》。自实行以来已廿余年。并有私人之著作。如 Doreas Fellows 费罗女士之《编目条例》。又 Theresa Hitchler 黑痴列尔之《小图书馆编目条例》。皆为美国图书馆所采取应用。各图书馆之经济有丰俭之不同，故需要有深浅之异。故编目必因之而异。大图书馆可用精细的目录编制法。小图书馆可用粗浅的简单编制法。吾国今日既缺图书之标准分类，复缺图书之标准标题。至于适当之编目问题，仅有一二人研究。然无大可采取之处。不足以为标准。向来研究目录学者"目录""编目""分类"则皆视为一事。毫无区别。而不知"目录"者书籍之记载考而已。可为分类的，可为朝代的，如宋元明之目录。可为著者排列的。可为书名排列的。所以成此目录者，则非编目不可。编目者专指编制目录之手续与定例而已。与"目录"本身迥然二事。去"分类"则更远矣。中国目录为分类式之目录。每书各以类从。每名只入一次，美国普通则有所谓字典式之卡片目录。每书可入目录数次，或著者或书名或标题片三种。每书至少入三次，故至少可有三种方法可以寻出。吾国分类目录只可寻一次。如分类失当，则无可寻之机会。三者具有密切关系，诚是也。然目录、编目，分类乃三事，非一事，不可不明辨之也。吾国若编字典式之目录，除无编目条例外，第二问题即此字典式之卡片排列法。有谓中国字应用康熙部首排列法。有以为宜用笔画排列法。有以为当用母笔排列法。有主张罗马字拼音排列法。各有利有弊，意见纷歧，莫衷一是。近者又有商务印书馆之王云五《四角号码法》。是否适用，尚待试验。要知此乃中国字排列法，而外间人普通人则称之为图书馆分类,不亦大谬乎?编目既竟,即由典藏部按分类号码,摆列架上。

装订部　近代图书馆之惟一目的在扩张书籍用途,注重之点在用。用多则书籍必有破坏脱线或装订脱落之事。小图书馆中有修理图书之器具,实为经济办法。大图书馆则设装订部,小破坏则修理之,装订破坏则从而装订之。完卷杂志,可以装订。盖既省经济,其权又可操于图书馆管理手中。节省运出运入之经费与时间。利多而无害。然非酌量自己经济状况为之不可。吾国图书向来平置架上。某堆必数十册。堆高则底册难取。书根字小不易辨认。即书本厚者,亦不易检查。旧法以布纸为包以套之。然纸与布及面糊皆易生虫。审慎之图书馆,取消此套以防虫。维新图书馆喜以饰西籍之法饰中籍。故大不理于旧学家之口。虽然维新者亦有不得已之苦衷。改装书籍易于认取。平放一书则须占架之二面。直立则架二双可用。经济书架之空间。二者具有充分理由。旧学家皆以为可以忽略,殊非办法也。

印刷部　图书馆每年必印卡片与各种书籍流通之样式。每年本馆之报告。紧要告白。书籍目录片种种。大图书馆所需甚多。向印刷所拟定所费必多。故本馆若有一小印刷部。可临时运用。每星期可印新书目录一次,以为宣传之用。编辑同事新闻,有笑林,有专门智识。助长管理员之兴趣。馆之大者附设照像影印。Photostat 价廉物美。馆中贵重书籍不能让与公众读者,故影印之。一则古书可以流通,仍不失其保存,一则版本真确,不失庐山真面,无错落鲁鱼之病,省校雠之劳。成功颇快,可以赖久。他如地图绘画之物,无不可以此法景印。吾国向来官书局仅以版片印书而已。未曾借以扩充图书馆事业,且而各馆版片已臆,霉烂虫蚀,不加修补。新者因无经费可增,旧者尚无力保存,岂不可叹。吾国馆中本有抄书誊录一事。抄者恒折书影钞,此为最恶习惯。影钞则恐墨透纸而毁书,折书籍偶失数页,不亦更可危乎? 如能将馆中办一影印机,则各弊可免。为用既广且速。钞书者一变而为射影者。岂不与学者以便利乎?

特藏部　公共图书馆往往注意地方文化,故专门搜集当地志书。或当地之年谱。或本地之名人事迹,与其有关之著作。政治内容,与其经过情形。地方政府,公文官书。地方研究文学多者,可立文学特藏。地方学校多者可立教育特藏。为本图书馆职员计,宜有目录学特藏。地图特藏。儿童及学校图书馆多者,当设图画特藏,以助教师设计之用。其他以公共图书馆之内容,与性质而定。如本图书馆用图书者多为商业家,则当有商业特藏。如此区域内银行多者,当有银行特藏。医生多者有医学特藏。于此类推。

各部关系　参考部与流通部,及所附之图书目录法指导。二者皆图书馆之最后目的。所以服务群众也。是为图书馆之先锋队,或知识上茶博士,队后则有选书,购书,分类,编目,装订,印刷,特藏。等为常备辎重工程。或知识上之易牙。军事不能无先锋及马步辎重工程各队酒馆中徒有易牙,而无茶博士亦不成为酒馆也。图书馆书籍无选择则书籍不良。无购书部则书无从来。既有书,无分类,标题,编目,则读者无从下手去用。无装订则散乱无章,断简零篇。要知选购,分类,编目,装订,印刷,皆图书致用之先步,致用之预备手续。而参考流通,则将已预备好之手续,以求读者之便利,从旁指导。参考流通为最后目的。其他则仅预备耳。缺一不可以致用。犹之酒馆中若无易牙之美味佳肴,则茶博士无以施其招待之殷勤。使无茶博士则作味之人亦必无所用。所有图书馆中之书籍杂志,无一不足以答复参考问题。故参考部欲知所选购之书为何,俾可介绍读者。欲知分类,标题,编目,俾可指导读者。欲知装订,则知何者应装订。何者不当装订。欲熟悉各种特藏之范围,以为参考之根据。

流通部欲知所购入新书。并如何分类,标题,编目,使可一寻便得。不误自己时间,不费读者时间。选书者欲知社会之需要,则

52

非参考流通二部因时报告不可。一书之当购与否,当购几部往往必由参考与流通部抉择。以其与公案接近时多。故知读者之心理与需要。分类者宜知参考流通二部之心理与需要,然后可以适用。以参考流通二部并可介绍标题上之新用名词也。装订者欲如装订上所用之字样,究以何者为佳。编目者应编几份目录。其他各部之内部之关系。与涉及他部者姑不详论。各部之组织所以分工以专责任也。各部之关系,乃分工之合作也。部分严者,其合作处不必加多。小图书馆职员不多,故一人往往兼数责。大图书馆职员太多。责任之分亦琐。故合作之精神。尤为需要。职员在馆。当有友谊上之友爱,而办事上亦当互助联络。使图书馆中充满融洽调和之象。理论上此乃馆长之责任。事实上此乃管理员之义务也。管理员人人应有忠于图书馆及忠于图书馆事业之心。徒忠于主任,则此管理员之尽责上必有问题。各部不能合作则往往易于酿成各部部员互相妒忌之心。为馆长者当常有聚会唤醒管理员对图书馆尽忠,对图书馆事业尽忠之种种理想谈话。常申述馆中之最高目的。及馆中制度规程。及互助精神之紧要。管理员之有新思想,特别进步者,当擢用其长。吾国办事机关,办事员喜闹意见。感情不能融洽,易起冲突。感情融洽者则"群居终日,言不及义,好行小惠。"卑鄙不堪,人格沦亡。西人喜称吾人不能合作。吾甚愿图书馆界中皆实行合作互助之精神。感情调和而不流于亵。则图书馆之进行必能顺利。其他各部有未提及者及各部要点尚未道及者于此后各章分别详论。

参考书

1. Baker, Ernest A. : The public library. London, O'Connor, 1922. What is a library service. p. 32 – 95

2. Baldwin, Emma V. : Library service, ed. by Frank P. Hill. Chicago, A. L. A. 1914. 23p. (Preprint of manual of library economy, chap.

14.)

3. Bostwick, A. E. : Administration of a public library Chicago, A. L. A. , 1920. 13p. (Preprint of manual of library economy, chap. 12.)

4. Bostwick, A. E. :The American public library. 3d ed. rev. & enl. Appleton, 1923. Chap. 3, p. 19 – 39 The library and the state.

5. Brown, J. D. : Manual of library economy. London, Grafton, 1920. Chap. 2, p. 34 – 42 Adoption of acts, foundation and committees. Cbap. 4. p. 60 – 70 Statistics and reports

6. Dana, C. A library primer. Boston, Library Bureau, 1920. Chap. 5, p. 12 Trustees: what they should and should not do. Chap. 6, p. 14 Rules, or by laws, for a board of trustees. Chap. 7, p. 18 Librarians note for trustees and friends of your library.

7. Drury, Gertrude Gilbert, ed. : The library and its organization, N. Y. , Wilson, 1924. 519p. Classics of American librarianship.

8. Lord, Isabel Ely: The free public library. Chicago, A. L. A. , 1914. (Preprint of manual of library economy, chap. 6.)

9. Rae, Walter S. C. : Public library administration. London, G. Routledge, 1913. 132p.

10. Spofford, Ainsworth Rand. Book for all readers. 2d ed. N. Y. , G. P. Putnam, 1900. Chap. 17, P. 333 – 40 Library managers or truetees.

11. Stearns, L. E. : Essentials in library administration. 3rd ed. rev Chicago, A. L. A. 1922. P. 9 – 15.

第五章　图书馆经费

　　图书馆之建设,用人,行政,购置书籍,无一非丰富之经济不可。美国图书馆之发达所以超出其他各国者此也。卡尼基对美国一般民众小图书馆之贡献,尤为显著。吾国图书馆正在发轫之初,对于经济筹划方法,尤不可不有相当之认识。

　　经济来源方法　有法律根据之图书馆,经济之来源及其筹备之方法,皆载在法律。其依据法律之来源方法有五:(一)市政府长之认可;(二)人民之投票;(三)市政之公约;(四)市政领袖团体中委员之认可;(五)市政府与私人定立合同。国立图书馆经济来源,由国库提出,省立者由省款提出。府县城镇之公立图书馆,则由府县城镇中或有指定税,或受省款之补助。府县城镇之图书馆与国立省立所异之处,国立省立不能受富翁之捐助。府县城镇则可。但美国国会图书馆,今年新通过议案准收私人之捐款以为扩充之用。府县城镇之公立图书馆,其经济来源又各有不同办法。有起自私人图书馆,而后公开与世人者。如纽约公共图书馆。有私人担任建筑费或筹备费。而由所在地收集图书捐以供经常费及书籍费者。如卡立基 Carnegie 所助之各图书馆是也。亦有专恃区域中收集图书捐者。美国图书馆协会,虽规定每人每年认图书捐一元为目标,然有超过一元之目标者亦有不及者。如今图书捐之最高者纽约州,布若开林 Brooklyne 城已达美金每人每年一元五角之数。最低者如路易司安那州之新峨岭城 Mew Orleans,亦有每人二角之数。英国多恃指定税，如房捐等。又有来源复杂库款赋税基金皆有者。此种复杂现象，多由于地方经济支绌，故国家或省皆出而津贴以接济之，亦有恃特别捐者，如麻色处士州之某小城之狗头捐或奢侈捐。

以上之经济皆受法律之裁判及社会之许可，且为各预算之内之费用。果有出乎预算之外者，则亦可由城市中多数人之请求，可以发行公债票办法。一定年限之内由城中公款本利归还。早年新落成之客利夫兰 Cleveland 公共图书馆即由此建筑成功。克利佛利亚洲之罗三角利 Los Angles 公共图书馆亦由此法数年前建设成功。

有赋税之处，按全城之资产，得以金洋一厘或（1/1000）金元为图书税，以城中所有资产共估值若干？假系五千万元，此城中当有五万元之图书税。且有高至百分之八十四五者。如遇不足时，亦许请愿增款。有开游艺会，以广告或演剧募图书捐者。非有急公好义之士，出而提倡，甚难达目的。

图书馆中之罚金与售重本之款，亦当算为入款。若能多劝民众了解图书之意义，节婚丧喜庆之耗费，为图书馆之捐助，亦提倡社会教育之一法。节费惜财，去奢从朴。智识开，迷信除，利他寿世，一举而数得，高明之士其鉴诸。

私人捐助　公款既不可靠，必由民众自由捐助。民众之能否自愿捐助，赖公民之提倡与维持，与良好之社会舆论。鼓励私人捐助之法则不外（一）以赠者之名名馆或室如孟芳图书馆。（二）为赠者立铜像。（三）将赠者肖像存诸馆内。（四）将赠者姓名镌于铜牌或勒于碑。（五）将赠者肖像刊贴于书内。（六）将赠者姓名书于内。金钱图书产业，无一不可捐助。按其所捐之多寡，而定其报酬。是种鼓励之法最能引人者以其合吾人之荣誉心也。无荣誉心之人，或则不捐，捐而不愿留名者亦往见之。

反观吾国公共图书馆，法律既不能保障，国帑空虚。富显者又无热心公益之人,出而解囊捐助。"世禄之家,鲜明公德"虽省政府所认可津贴之省立图书馆之数千元犹不能齐发。所以图书事业不能发展。无论古籍新书,都不能添置,还论新事业哉?向者有人谓新思想能摧残中国旧有文化。前者军阀当道,无理横行,扣正款以充军用,祸国殃民。谓之积极摧残中国旧有文化,有何不可!非特此也,旧籍书贾,因国内图书不发达,无人过问,而书估不能不谋生活。不得已将宋元明版旧籍,贱价售与日人美人,已屡不一见矣。吾人果真心保存吾国文化,亟宜设法津贴各处图书馆,以为积极之进行,庶不徒以空言欺人也。

经费预算　可入之经费既如上所述,然则其预算从何造出?为何人所造?亦吾人所应知者。图书馆无论属何机关应有独立之经费。受馆长之提议,由合法团体或委员会通过,由馆长负责使用之。经费如不独立,仰人鼻息,馆之存在与不存在等耳。尝观某机关或某校因经费不独立,若他部经费无着,即拨图书费以充之。甚至有将学生所出之图书费,全数拨作他用者。经费果能独立,则当谋相当之利用。藏书如在十万卷以上,经费大略不外以下各类:

(一)关于薪金者　馆长一人,参考部主任一人,流通部主任一人,儿童部主任一人,打字者一人,助理三人。

(二)关于书籍者　书籍与杂志。

(三)关于建筑者　设备与修饰一切假设已有馆所暂为租用。建筑费非有特别款项不能动工。故预算不在此列。

(四)关于图书文具者　纸墨笔砚,配书单书袋,书单,借者片,编目片,打字机与其附件,墨水,浆糊,便条,包书纸,信纸,信封,橡皮圈,纸挟,书籍登录簿,账簿,读者登录谱等等。

(五)关于装订者　装订修补等。

(六)关于杂用者　电话租,保险箱租,看火炉;保险费,代表赴会川资与会费,图书馆协会会费,国旗等。

(七)关于小费者　邮费,运费,出版费等。

（八）关于广告费　印广告，小目录，广告，邮费展览费等。

（九）关于分馆用费　房租，薪金，书籍，等项。项目与总馆同。而用费则集中于总馆，费用多少各分馆又不等。

（十）关于临时特别费或准备金　以上九项之所需当以图书馆之实际情形与经费状况规定。

每类究应若干，其数目如何定法，如何支配？固属问题。为吾国图书馆经常预算之用，可拟以下之百分数，以支配各种用项。

书籍费	25%
中文书	12%
西文书	6%
中文杂志	4%
西文杂志	3%
薪金	50%
设备与文具	10%
装订（修理）	3%
杂费（小　　费　修理房屋在内）	7%
临时特别费	3%
印刷费	2%
总	100%

关于书籍费四项孙毓修先生论断最是（见教育杂志第一年第十一期名家若述第四十七页）

"图书馆之意，主于保旧而启新，固不当专收旧籍，亦不当屏弃外国文。示人以不广，自科举盛行，天下之士，非功令之文不读，古书寝以亡矣。学校既兴，后进之士，驰思校课，功不遑他及，教不及陈言，五经三史，不举其名。八索九丘，安知其典。忧时之士，恫国学之日亡，而思所以救之，乃有存古之堂，有扶古之社，要之学堂之力,所存在几何?且专在保旧,而必与新学鸿沟之画界,则冒刘舍人见东墙而不见西墙之讥。主于金石书画,则千孟民忘本逐末之诫,是皆非今日之先务也。"

三民主义序云:

"……不期十一年六月陈炯明叛变,炮击观音山,竟将数年心血所成之各种草稿,并备参考之西藉数百种,悉被毁去,殊可痛恨。……"是则中山先生亦不避用西洋书籍。盖学术为天下各国之公器无可或私也。所异者要在读者之如何领会耳。

由此可知国学与西学皆不可忽视也。孙毓修之说,虽生于廿年前,然于今日原理并无不合之处。最小图书馆与小图书馆初创,皆不应购置西藉,固所当然,中学图书馆亦然。惟今日各大学图书馆偏重以西藉为参考,一时趋势所然,不得不如此也。

案表中书籍费仅占全数四分之一,读者或以为失当。殊不知一图书馆之成功,固不在书籍之丰富。徒有书籍,而无人工,从而选择,从而收集,从而分类,从而编目,而后读者何能致用。书不能有足而自走,无翼而自飞至读者之前。更不能自己分类,故必恃人而为之,且皆受训练者。人之工值不亦较书本贵重乎?故百分之五十并非大也。尝有人问某馆共有钱若干?答曰或数千或数万。一若数千数万俱用于购书费,而不知图书馆中不仅为购书馆,即购书亦非人去购不可。以为图书所有经费皆为购书费,乃谬也。(职员薪水有由馆中会计付者,亦有由市政厅中之会计付之者。)

中文杂志,今日价廉而类少,西文杂志种类多而值昂,故为四与三之比并非失当。

全体设备当在建筑时一齐预备,然平日之电灯,冬日之煤炭,夏日之电扇,房屋之修理,看守者之工价。其外如洁净之器具,及临时新添器具。如桌椅书架,不能不有所筹备。临时特别费为未曾预算到之费,或为常备金。所以备不虞,免亏空也。

预算之原则 基金独立则不受他人支配,来源复杂,则账目不易整理,故当开源节流,量入为出。每年预算当根据前一年之预算,与今年之力量作准。惟新发展,新建设,新事业,可不在此例。新计画必在造预算以前决定。盖二者互相关系,不可分离。经济之多少,支配之百分数皆由馆长主持。各总项下皆必有分百数与仔细分类。案美国图书馆协会之根据以全城中每人每年所借书之数目为准。并不以馆中所借书之次数为准。预算则以全城中人数,与全城中所借书之数成为正比例。照此法每人每年平均借书三次。是为 Per Capita Circulation 若以借书之数目为标准,则每书流通一次值一角大洋,或一角以上。鲍士伟(一九二五来华)曾有云"书籍加增,流通数加增,人工加增,故预算也必随之加增。"并设方程式以解说之如下:

甲天 + 乙地 + 丙人 + 丁火 = 子 = 行政总费

$$
变数\begin{cases}
天 = 书籍流通数 \\
地 = 书籍总数 \\
人 = 办事人数 \\
火 = 馆所占之立方面积
\end{cases}
\quad
\begin{rcases}
甲 \\
乙 \\
丙 \\
丁
\end{rcases}常数
$$

用款方法　各项账目必由馆长签字,馆长绝不经手银钱事务,有时由委员中经济委员管理一切用款。或所有账目,悉由市政厅中之总会计齐付,亦有由经济委员领款交馆长。而馆长交与图书馆中之会计。图书馆中之会计,或独立直受馆长支配,或附属购买部,倘帐目由市政厅管,则每年由市政厅报告。如图书馆中有一会计,每年必由市政厅派人来查账一次,查清后,并将账目附本馆报告中。公共机关银钱清楚,为最优管理之原理,用款者宜励行之也。故仅用款人署名,殊嫌不足,必持有查账员,或第三者,加以签字,以示无讹。若能各项用款,悉由会计付讫,馆长主任只支配而不经手一切银钱,是为极好杜弊之法。

每项预算,用时不可过支,然亦不可留而不用。每项所有及用后所余,会计当临时记录,有详细账目,以备参考。所预定一切物件,应作为已付之款。否则必有过支事发生。故每项账目可分为悬价与实价两种。悬价为假设已用之款,有时较实价少,并有较实价多者,亦有相同者,亦视出账时之值估耳。账目必详细清楚,精确,按时,易于检查。款在手中时最大危险,乃在一用而尽。但亦不可留至年底方用。最善者平日逐渐而用,不缓不急。多用则亏,少用则余者充公反为不美。(登录样式,可参考 Steam, P. 34 – 35. DanaLibrary PrimerP. 216 – 7)

会计处 图书馆会计处有直辖于馆长之下者,所有一切订购书籍物品,由馆长签字后即交总务处采购,由会计处付款。亦有会计处隶属于购置部,或与购置部相并者。购置部直属馆长之下。亦有会计处不在馆内者,如第四中山大学图书馆,由大学会计处付一切用款。市立图书馆由市政厅会计处付款。此法凭账付钱,无舞弊机会,然手续烦难,办事羁滞,甚且延误事机。会计处隶属于馆中,直接便利,每年查账一次,即可免弊窦丛生。会计处之责仅管付款与登记账目而已。

故会计员不必有十分图书馆知识,仅以其品格与办事之能力及其簿计知识而定。

未用之款 图书馆每年预算,应就其范围,不可透支,然亦不可余剩,过犹不及。图书馆规程不一。有凡未用之款,皆完全没收,为来年预算之入款与其他机关分配,或完全加入购书预算总数,或留为常备费。然皆不易达到目的。当视馆中服务精神,与其对于所在社会服务之程度以为衡。

整理清查账目 每年账目,若由馆中办理必每年清查一次。藉以稽核实数,且杜流弊。清查之人,必系专门会计师以第三者资格详实审查。审查后应以各项总数,作公开之报告。

文件保存 所有一切往来用账发票,职员合同,聘书,皆应保存。按日期依类排列。以便稽考。

保火险 凡建筑藏书之处皆应保险。估值之法当以合同定价计算。普通书参考书当以其平均价值计算。善本及贵重物品当另保。虽有保火险之法,而防火药水,救火方法之器具,尤不可不置。

英国图书馆法令如有不遵章程者,偷书者,私行运动者,或行贿赂者,当以罪犯计。除将所得物品充公外,监禁二年,或罚五百磅英金,或二者俱有。免职后七年不能入任何公共机关办事。

参考书

Thomson, O, R. Howard: Reasonable budgets for Public libraries and their units of expense. Chicago; A. L. A. , 1925. 44p.

Brown, J. D. : manual of Library economy. London, Grafton, 1920. Chap. 3: Finance, loans, and accounts. p. 43 – 59.

Dana, J. C. : A library Primer, Boston, Library Bureau, 1920. Chap. 40. : Library accounts and statistics p. 215 – 224.

第六章　图书馆职员

　　人选问题　经费既有来源，委员会已有组织。第二问题，即觅一馆长以主持馆中事务。图书馆最重要之要素，非建筑，非书籍，乃委员会与馆长耳。盖建筑与书籍皆易于求，惟委员与馆长颇难得相当之人选。人得其选，建筑书籍皆不难致也。故人选当在书选之前。

　　馆长之资格　人选重要故馆长之资格不得不先加以研究。馆长之第一要素即其学问。朝夕与书籍往来，苟无学问，选书编目皆不能为也。其第二要素即其办事之方法。应有商人办事精神，善于行政用人管理一切。无政治及宗教上之偏见。善辞令，能属文，曾受图书馆学校之文凭。并有相当经验，钟爱书籍，精于目录，识数国文字，对委员善于建议一切进行方针。对读者负教育上指导之责任，循循然善诱人有创造力，有自动精神，热心公益，诚实无欺，身体康健，为地方文化之先驱。为社会教育之总指导。常与社会发生关系。

　　英国图书馆馆长，近由协会之规定，必任有相当图书馆学识，经验，训练之人。盖用无训练之人，徒花费金钱，错置失宜，往往无补于事。故设此规定，诚有经验之办法也。其人材可略分三种：（一）称为 Diplomate 意谓有资格而持图书馆协会之特许证者。有三年以上认可之图书馆经验，曾于文学史，目录学，分类，编目，图书馆组织与行政各科，由协会考试及格。并习拉丁文及一种近代外国语言,更有与图书馆有关专门研究之论文。由协会认为合格,发给特许证书,持此者可云深造。然合此资格者尚称寥寥。(二)称为 Fellow 意谓有图书馆学识之人。在一九一四年前曾大学卒业已有图书馆经验者,或一九一四年前有经验之图书馆助理。一九一四年后有经验之图书馆管理员(三)称为 Members。下级之学员则为 Student-Member。各以等进,绝不猎等,是有秩序之办法。

学识与经验,非绝对之名词,乃相对之名词。同一学校而学生则可有深造与浅薄之分。同在图书馆受经验之训练。固大图书馆之经验与小图书馆之经验,各有不同。新图书馆之经验与旧图书馆之经验又不同。有大图书馆之经验者未必能办理小图书馆,以其编于专门,小者必各事可为。旧藏书楼之经验,则全不能适合新式图书馆矣。故学识经验必依其来历。方可规定。

中国旧式图书馆,与西洋图书馆。向来专重学问方面,不论办事能力。故图书馆不能得此种人利益。美国公共图书馆之选馆长,恒视其商业之智识,及其商业办事之能力以为断。然其图书馆中亦有少数之学问家。吾国及欧洲向来以士为贵。故选人亦然。美国乃商业化之国家。故注重商业而轻学问,误也。只偏重学问,不问干事能力,亦误也。然美国图书馆所以有成就,未始非得力于商业之效率理论。而中国之失败,未始非太轻视干才及办事效率。平心论之,偏于一者必有所失。故吾以为学问与办事效率,当相提并论。则中国图书馆之前途,庶几可矣。

馆长之责任　委员中人物,往往为无图书馆学识之人,而馆长则有。故馆长所可供献建议者颇多,要在馆长如何利用时机耳。委员制定馆章,对馆长只要求负责,予以行政自由,求得相当之结果而已。馆中一切方针大计,全赖馆长一人其中指导。馆外对付社会方面,宜引起地方兴趣。使注意读阅参考馆中图书。提倡地方改良公益善举,并沟通图书与他种活动之关系。对馆中则选择任免职员,增薪升职,以才取人,不以人取人,其职员之无训练者须指导训诲以为馆中培植人材,优秀而进步者擢而升之。暇时参观书铺,搜集图书,图画,小册,地方之方志等。提倡儿童读书及妇女家庭读书,以期促进成人教育。年必制一报告书,交与合法委员,并分送公共机关。

馆长之权利　报酬之多寡,当然以馆地之所在及其服务之多寡而异,绝无相同者。英国最高者年有英金一千磅,最低者九十磅。美国最高者每年一万,最低者亦有一千二美金。吾人皆知美人自称为世界最富之国家。故报酬亦较高。吾国之最高者约三千元。另有房屋者薪金较低,或付房金者。

工作满一定年限者得养老金,较原薪略减。有三十年,三十五年,或四十年服务之限制之不同。

每年至少四星期之暑假。如有关于图书馆学研究会,应自行加入或代表图书馆,则馆中当任川资。

各部主任　副馆长外有各部主任。此就大馆言之。小馆仅有馆长及副馆长。

评议会之组织　由馆长副馆长及各部主任,各分馆主任组织而成者为评议部。可以解决馆中临时问题,并建议与委员会之责任。

管理员之资格　资格之要者,在有干材,具学者态度。普通需大学毕业,最低者亦须有中学毕业程度。能得图书馆学校之卒业生最佳,最次者亦需在馆中服务,富有经验。精于目录学,识数国文字,明白各种智识学术之范围,及其中各著名之著作。善评断,富常识。思想缜密周到,记录能精确无讹。关于服务方面,对读者,应具墨子摩顶放踵之精神。答复问题,当存"知之为知之,不知为不知"的态度。凡事以"温良恭让"出之。指导读者当"诲人不倦"对馆中事务不畏难,不畏琐细,不退后,不生怨心。不怕人笑好事。从事勤快耐劳,"行有余力,则以学文,"试行新事抱定试验精神。与馆中同事,要知大家惟一公共目的,乃服务社会。故遇疑难事，必群起互助。平日尤须感情融洽。(C. K. Bolton, Ethics of librarianship. Reprinted from the annals of the American academy of Political Science. may. 1922)

管理员之权利　权利之重要者莫如薪水。服务馆中人员之生活所从出也。资格严，任务劳，朝到馆，夕出馆，无或可休息者，故酬劳不可薄。管子所谓"仓廪实而后知礼义，衣食丰而后知荣辱。"酬劳者以劳力精神而得之代价也。代价足而后事之成功大，结果良。然代价必以其学识经验才具，与所在地之生活程度而异。不能人人同得一种代价，故酬劳必有多寡。馆长与差役不同，使差役学识增，经验富，知识进步，亦可有升任之机会。各级皆可努力向上，馆事亦必因之而发达。至于休假时间必同，人人应有一月之暑假休息。然必与馆事无冲突而后可。暑假休息，当用以保养身体，不可滥用精神，人人当享受国家之庆贺各节。每人每年可有一星期之病假。工作时间每日约七小时，每星期约三十八至四十二小时之工作。星期或假期日开馆处可用轮班休息法，或论钟点加钱。馆中遇有团体开会，可请管理员为代表。如远处代表，当另加川资。

管理员之名衔　名衔必正而后各事方顺。故孔子曰"必也正名乎，名正则言顺。"管理员未任事之先，名衔与薪金，皆必在合同中相了解，凭合同行事。名衔各馆不同，目的在表明工作责任与其相关之位置等级，名称愈简愈佳。为吾国图书馆设想，当名副其实，不可滥养冗员。

妇女与图书馆　美国妇女教育发达，故女子以工作自食其力为荣。而图书馆为女子谋生之一渊薮。女子固长于细事，馆中当利用其长，不计其疵。更不必固执不用。美国女子服务图书馆者占百分之九十五，英国仅占百分之十五。女子之见长于行政管理者尚不多见。盖女子类多见识狭窄，思不深，虑不远。故逊于男子。且而女子往往任事一二年方才进步，忽遇佳偶，为情所系，因而脱离馆事。故女子颇不易用。诚然女子薪水较男子为少,而任事较男子为多。女子且多心灵上不宁之病,不易明了其病状。中国女子,今未解放。已解放之女子,又多不能谋独立生活。故学术行政事皆不能任,颇少能独当一面之女子,此在初解放时期原不足怪。深望吾国女子,亦能操学术与行政事。且愿其研究图书馆学以为终身职业。吾人所当提倡改良之者也。

图书馆斋夫　斋夫一职,向为行政家所轻视或不注意。殊不知一馆之秩序,清洁等之得法与否赖之。斋役夜间照料灯火,窗牖门户。早晨洒扫整理一切,或兼般运送差其工作之重要,不可忽略。夜间必居馆中,以便照应。使其早晨在未开馆前,一切料理停当。小馆中一人已足。大馆中数人分别轮班,勿使其过劳。此等人宜择壮夫,识字者为之。且有愿学之志,则易于训练。

于人选方面吾国向不注意资格,故学法学工者可为教育总长或教育厅长。不论任用何人,法律无规定之保障。可听官府选其亲信者谋一位置,滥用头衔。吾国图书馆长向有"吃安生闲饭"之称。内中涵有无事干之意味。要知图书馆非养老所,决不可养冗员,缺薪时代尤为不可。向之取人既无才具学识之要求,又无可达之目标。所事不外看鼠防蠹而已。学识高者,编一部目录已尽其能事。无学识者不管事。外人亦不识其胸襟。遑论图书推广?遑论服务社会?其认为最要之目的,是薪金不欠。"古之学者为己"殆谓是乎?吾见由图书馆极卑之职渐升为馆长,而管理得法者矣,未见乱用人材而能办理得法者也。吾以为此颇有改良之必要,各人当以才学取职。加之以图书训练,国学固不可少,而世界知识,普通常识,缺一不可。资格严,责任专,酬劳从丰,日必有一日之成绩,年必有一年之成绩,普通假期而外,必有暑假。每日限制工作时间,工作内尽其一切思想及能力,限制之外,听其休息,不准一日或旷事也。管理员既各有其专责。而其办事结果终必呈露,可以检查。固绝非一班人所认为请来读书者也。管理员诚然必须读书,然必读有关图书馆之书,且非公事也。

图书馆考试　大公共图书馆之取管理员,多凭考试。盖公正之考试,可托离一切情面及政治上之私见。且投考者多,则选择机会必大。即及格者,亦必以来馆学习为条件,以求其有进步。其不及格者,可取为试用生,试用数月,使其尽心学习,有进步则变为正式职员。无进步则解职。此种考试方法,必图书馆自己举行之。或升用职卑而精练之人,取其经验,使其有机会学习,亦栽培之善法也。本馆低等职员,亦应使其有考试机会。择优者使其升任职务,照例加薪,以示鼓励。

关于职员名衔及职员分类以及薪水之规定,各分等级。美国现已由议院及图书馆界中共议定之。此乃美国图书馆中之新趋势也。

图书馆普通证书　纽约州近来对已有图书馆学识者,与有图书馆知识及曾受训练者,发与相当之证书。中学毕业,并有二年图书馆经验,并在图书馆暑期学校读过一次者始可得之。高者有大学卒业图书馆学校文凭,不用证书,普通人恒以为人人可为图书馆管理事。要知不然,专门事业,必有专门知识之人以充之。此所以美国图书馆办之得法成绩优美也。

同事之幸福　大机关中同事甚多,故有同事之组织。为求学术进步,或为出行游历团体以谋身体健康,或有职员同乐会。管理员中往往因逐日埋头书案缺少运动,易得不消化之病。或少滋养料,以致神经过敏。或因缺眠,或因饮食时间太短,不按时间,为同事利益起见,最好不许有补工事。平日按时工作最善。同事之组织,可有互相保险法,或有储蓄法。馆中如果丰裕,对年代服务已久至三四十年,且有功者,应酌与养老金。职员会聚可有数种。(一)为同事学习工作,以求进步之会聚。(二)为馆长顾问咨议之聚会。或征求各部长之意见。(三)为馆中全体欢聚同乐,或有文学性质之聚会。

吾国在初办公共图书馆时，规模不必太大，惟计画不可不精。规模小则可合如今之经济之状况。大则难达目的。有四种条件，必须留意。第一必有法律之根据及保障。第二基金必须独立，以期其根本稳固。不受任何党派政客之牵动。第三必须有相当之创办费。如已办成，必有常年经费，附以预算支用毫不违反原则。第四在得人。若此四者根基稳固。则图书馆发创虽小，收成必大，可预言也。

参考书

Bishop, W. W. : Backs of books.   Baltimore, Wmd Wilkins. 1926

Chap. 5. Should the librarian be a bibliophile, P. 37 – 48.

Brown, J. D. : maunal of library economy.

London, Graftion, 1920.

Chap. 5. Librarians. p. 71 – 82.

Chap. 6. Assistants. p. 83 – 98.

Spofford, A. R. : Book for all readers, 2ded.

N. Y. G. P. Putuams 1900.

Chap. 13. Qualifications of libraridans.

p. 242 – 274.

附录　公共图书馆之效率成绩表

根据圣路易公共图书馆所立之表
根据鲍士伟之图书馆论文集第二〇三页

姓名　　　字　　号　　　别名　　男女　　　结婚否
年岁　　　　籍贯　　　　　住趾
三代
介绍人　　　　　学历
资格或经验　　　　　著术
前服务何处？　　　　　　　何故解职
有无嗜好？　　　身体康健否？
分馆或何部任事　　　任务几载　　　今任何级
何时来馆(以上由谋事者自填,以下由馆长或主任填之。)
人品(一)仪表及体格
　　(二)所知书籍多否　　　于此道有进步否
　　(三)知识广否
　　(四)文学欣赏能力　　　读过文学史否
　　(五)富于思绪　闻一知十
　　　　　　　　　举一反三
　　(六)思想有系统否
　　(七)有无镇定功夫遇事不手忙脚乱
　　(八)干材　　　　　　善决断否
　　(九)准确迅速功夫
　　(十)勤快怠惰谨慎疏忽
　　(十一)对同事帮忙者有感激之心否
　　(十二)准时而到抑迟到否
　　(十三)记忆强否

（十四）工作时喜谈闲心否

（十五）衣服整洁否

（十六）喜以公物认为私物否

对于读者　（一）是否不论何人不论何时对读者皆一致恭敬

　　　　　（二）有招待私人朋友之倾向否

　　　　　（三）善于对付成人读者抑善于对付儿童

　　　　　（四）答复问题是否能接人以诚敬重庄严

工作上之特能（一）能写正楷否

　　　　　（二）能写他种字体否

　　　　　（三）办事中已有进步否

　　　　　（四）有切磋琢磨努力学习之志愿否

　　　　　（五）对于同事有合作精神否

优点为何

劣点为何

此管理员是否对于图书馆有尽忠之心

对于其所任事有热心肯负责任否

以主任所知此管理员之教育与经验宜在何部任事为佳

儿童部　参考部　编目部　流通部　抑其他部

并品其优劣

此主任个人之意见　　　　　　　　　年　　月　　日　　署名

第七章　图书馆之对外问题——流通

所谓图书馆之对外问题,即不外图书馆以图书与外界接触之问题。图书馆与外界接触与否,固在乎此馆之行政方针。若此馆为一闭关自守之旧藏书楼,以与外界接触为诲盗之举,则此馆图书,显而易见,不能流通。反之,而以图书流通为图书馆之惟一任务,惟一职责,非特尽其责任内之事,并且设法推广,以求将图书馆已有最少数之好书,送到多数人之手。图书馆之图书,最初皆深藏链锁,并非始即开放。曹溶《流通古书约》云:"不善藏者护惜所有,以独得为可矜,以公诸世为失策也。故入常人手,犹有传观之望,一归藏家,书无不韬锦绣为衣,旃檀作室,扃钥以为常。有问焉则答无有。举世曾不得寓目,虽使人致疑于散佚,不足怪矣!"此可知曹溶即反对书籍不流通之害,书不流通不但失其功用,而且以不广流传而致散佚。故书籍流通,乃书籍之原有效用也,若不流通,是失其功用也。郑樵《通志序》云:"册府之藏,不患无书;校雠之司,未开其法。欲三馆无索餐之人,四库无蠹鱼之简,千章万卷,日见流通,故作校雠略。"况且流通即所以保守。可知现代图书馆书籍之流通,为前代所无,为今世文明日进,社会教育最良美之工具,嘉惠士林,诚非浅也。

考吾国图书馆,虽无绝对自由开放,任人借书回家,然亦有可在馆内阅读者,如清之四库馆阁,江浙之三阁成,有乾隆上谕,准士子来馆抄校,其可考者一。叶德辉《书林清话》有宋元明官书许士子借读一段云"刻书以便士人之购求,藏书以便学徒之借读,二者固交相为用,宋明国子监及各州军郡学,皆有官书以供众读。……"其可考者二,谓之为有限制之开放则可,谓之绝不开放则不可。

旧日藏书楼之书,读者虽欲假不能。而今日乃引读者至书架之前,听其自选。在馆内浏览也可,在馆内埋头深读也可,借书回家去读亦无不可。吾等现在惟一希望,在使图书馆之开放原理,使到处各馆皆能应用。然后图书馆内浏览之人,便可加多,仔细在馆中深读书者加多,借书回家去看者亦加多。夫然后社会教育方一天一天可以普交社会上一般不识字与初识字之民众,不识字民众方可日见减少,甚或渐渐消灭。

开放式馆之指导与设施:在开放式公共图书馆之流通部中,所以必有多数人指导读书,指导选书,指导查书。指导利用本馆所编之目录。同时并解答问题,循循然指导未识字的读者使其日见多多识字。已识字的读者多多读书借书。用和蔼可亲之像貌,诚诚恳恳之言辞,去对付指导民众议书运动。此方足为吾图书馆界之革命。此种精神与此种设施,皆不可须臾离也。徒有施设而不能以此精神临之不能达其所应达之目的。徒有此精神而无此设施,则无所施其计。凡此种种又非经济宽裕。馆所广大,不能奏效。

流通部管理员应具之精神:流通部乃图书馆与民众接触往来之焦点。流通部乃图书馆之总代表也。其重要可知,故其办事人选,语言行为,不能稍有差弛,一旦有过,人将曰是图书馆之不良也。他人并不为吾等分析知此仅为流通部之管理员而已。其他部分办事人员,往往因流通部人员之过失,而得罪名。故流通部极易影响图书馆全体。苟能馆员人人皆服务勤,凡事出之以慎,暇余诚心好学。则亦可补助分类编目各部不与读者往来之缺欠,更可引起民众对于图书馆之良好舆论。

公共道德与失落书籍:书籍流通,不能全保其不失也。故失书籍为图书馆之一通常问题。假设一图书馆每年有二万册以上书籍流通,而仅失四五册之多,则不为损失。若失至一二百册之多则成为一问题矣。书籍既开放,许人至架中翻阅,则读者不免有遗忘未检名而取书者。管理员当设法检点,以求防止。至于以"用"与"失书"较,则"失书"而"用"反加增,而且所失为极少数,此故可不必斤斤计较。所要者社会教育家当提倡公共道德。以公共舆论为后盾。以人格教育为目标。日久则人格自可担保矣。而所失之书当与人格教育之结果为反比例。人格教育高则失书数自当降低。管理周到,指导有方,则失书更当减少也。

叶德辉所编之《书林清话》,宋元明官书许士子借读段云"……北宋刻大字本《资治通鉴》卷中有静江路学系籍官书朱文长印第六卷前有朱文木记曰:'关惜官书常加爱护,亦士大夫百行之一也'仍令司书明白登簿,一月一点毋致久假,或损坏失去,依理追偿,收匿者闻公议罚。……"所谓士大夫者彼时代有人格之人物也。所谓明白登录,一月一点,好似今日之流通方法。爰略序其工作责任于后。

流通部最有兴趣之二大问题,一为读者对于所读书之兴趣,一为何书可读何书应读。第二问题属选书问题,另章论之。

流通部管理员应先认识读者及其兴趣与需要　管理员应具何种精神以对读者,前已论之矣。至于服务之方向必先了解读者之兴趣与需要。不知读者之兴趣,与需要,则不啻以盲导盲,非特不能进步,而且格格不入。故常有图书馆在未办之先,即施以调查,专注意读者之职业,年龄,职业,经济状况,生活程度,宗教信仰,社会团体之组织,教育机关,政治形式,种种。详细调查,详细研究,而后方拟定建筑计划,与选书方针。

读者之兴趣:读者程度,年龄,职业,经验,学识,训练,修养,生活情况之不同,因而异其兴趣。故电那先生对于读者有以下之分类,(一)成人学生为成年人之学生,(二)通常随一时心之所好而

74

更换其兴趣者。此类读书虽有目标随心所好,而并无研究之态度,(三)为专门研究之人,诚心欲专门研究问题。所用书籍较首二类高深,而此类读者亦占少数,(四)为随意观摩之读者。无目的无方针,游记可,传记亦可,文学戏曲亦无不可,(五)识字而不读书者,仅阅图画之读者,(六)少年读者专指儿童而言。

吾将读者约分八类以其读书程度之高深与否为定,故余以横线分上下二端,上端代表有专门学之读者,下端为不识字不能读书者。

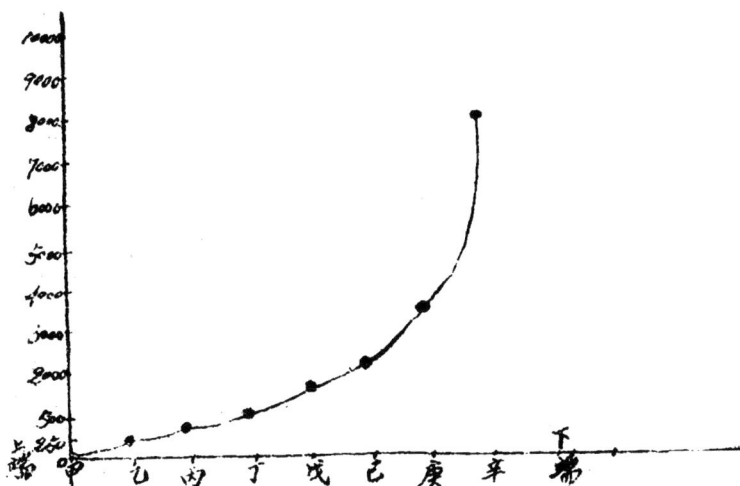

甲 = 研究专门问题之读者· （万人中仅三四十人）

乙 = 哲学书读者· （万人中仅六七十人）

丙 = 课本读者· （万人中仅五六百人）

丁 = 浅近读物之读者· （万人中有八百人）

戊 = 小说读者· （万人中有一千五百人）

己 = 新闻报纸读者· （万人中有二千人）

庚 = 识字而不读书之读者· （万人中有三千人）

辛＝不识字者·　　　　　　　（万人中有八千人）

此类以程度之深浅，以读物之难易为衡。研究高深问题之读者为极少数属甲端，为高等教育问题，多为大学人材，大学教授。课本读者为各第学校学生。其不识字者为极多数固属辛端。此端为民众教育之问题。此表可识流通部读者之种类，暗示图书馆所应对付解决之问题，与其所收书籍之大概，对读者个人可促进其遇书兴趣，与吾人读书自修之进步，一则求博涉群书，一则求专精一艺。而吾人向上心总望进步能达至甲端，不愿落后而安心居于辛端也。此图亦可自成人教育方面观之，图书馆对于戊，己，庚，辛各种读者又应如何？

由此表更可知何种书籍读者兴趣有十分倾向。而何者究应读，何者不应读。不道德，恶势力，恶思想，以及违反法律之书籍，无论任何图书馆，皆不应置。选书者固于图书馆书籍之流通有取缔之使命。而积极方面，图书馆为广流通起见，究应有何项书籍。一般人及读者心理，专喜读轻易，浅近书籍。如小说，故事，游记，传记等。以其不费脑力，不费思索。其实以之为茶余饭后之消遣物则甚为恰当，为终身读物则不甚宜，且对于普通科学书籍则不甚注意，况存避免之心。则科学常识，历史读物，社会科学书籍……终无机会可读。故选书者对于不道德，不正当，违反法律思想之书籍应为第一步之消极取缔，积极方面对于读者，尤其对于"随一时心之所好"之读者。图书馆应设读书指导部，以资绍介，而可暗示读者途径，为益不浅。事关文化其责任之重不减于学校教师。部员对于应读而未读之书，加以解释及鼓励。临时就读者之职业需要，兴趣，经验，训练，引其入于读书之正轨。

每书流通一次，值钱若干？书籍流通乃为现代图书馆之灵魂。书籍不流通则不成为图书馆矣。经费之增减，管理人之多寡，舆论之优劣，皆赖之。然考书籍每流通一次应费钱若干，为吾人极有兴趣之问。若以图书馆之常年经费与全年之流通数目相比，即得：

$$\frac{\text{常年经费}}{\text{流通次数}} = \text{每书流通一次所值之钱}。$$通常计算每次一角。亦有二分三分者。流通愈多,价目愈廉。故现代图书馆相竞以流通次数最多为荣。其价亦最廉是为 Unit Cost of Circulation. 若以该书之价,加分类,编目,装订等费,以其所流通之数除之,即得该书某次流通之价目。

自由开放之限制:自由开放之名词非绝对的乃相对的,不可误解。自由亦非在图书馆内可任意任性无秩序之乱翻或乱借,自由乃遵守已有组织之条理系统,而利用之也。且开放亦有限制一部份书如新小说可开放,他部份书为美术可不开放。书籍之开放可以科目之性质,种类之多寡,册数之多寡而异其法。图书馆亦可设一二开放书架。或可限制时间开放,在每时间以内开放,或仅流通部开放,或仅参考部开放。自由开放之意乃为闭关之对待名词,并非绝对之事实。明乎此则从而解说流通部之方法。

流通法　流通法者为书籍或其他印刷品贷出之存记方法也。考其方法之由来。

(一)最初为账簿式之记录。(Ledger)借书时写入书名,借者名而已。异常简便。然若每日有五六百号人借书则还书时不知次序,颇难销记。

(二)次为"一卡片法"(One Card system),知账簿式之检查为劳,故改为"一卡片法",仅用一张卡片,记著者名,书名,借者名,借者日期。此法可用字母依著者名排列。还书时仅按著者名一检即得。至于何人所借何书,借书之限期,则无法可以查出。"一卡片法"已较前法为易,而仍有缺欠。

(三)次为"二卡片法"(Two cards system)一片为书名单,单下载借书日期,与借者人名。其他一单为借者单,载借者所借之书籍,并何时所借。书名单用著者姓氏排列,或用分类号码排列。借者单用借者姓名排列。而仍不知借书之限期,何时满期。

（四）次为"三卡片法"（Three cards system）原为二卡片法，加入时间单，可以知何时满期。此单按借书日期前后排列。此法最为完备，惟还书时所要取销手续太多。若二卡片法之较便也。

流通部所用之格式：

志愿书：借者于未借书以前，无论老幼读者应先填志愿书，填明姓名，名号，年龄，籍贯，职业，住址，何人可为参考或担保。愿遵馆章。填志愿书者签名。填写一切格式应用正楷，免废时稽考。

借者登录簿：以数目号码及志愿书之先后为序。上载志愿书所填各项，如借者不用号码，有志愿书已足。借者登录簿可知借者借书起日与借者停止日，应何时重续登录。

借书证：借者前二手续清楚，即发借书证，将登录号数记上。略印明馆章择要，缴读者之手。借者凭此券借书。

书单：书籍分类完毕之图书馆，可以分类号码为排列之标准。而后记以著者名，书名，空格填借者号码或借者姓名，借者日期。每书一张。还书时填还书日期。

书单袋：可有三用。（一）置书单其中，（二）为图书馆之一标记，（三）可将还书择要载名。有方形，长形，三角形种种，以牛皮纸为之，取其坚结也。中国书纸簿，应用簿而结纸为之。贴于书壳内部。

借者单：以借者姓名为主。下记所借书籍号码，及借出日期，归还日期。

日期条：贴于每书之末页，借书时填借出时期，以促借者按期归还，又可为销账时之日期稽考。

索书单：为读者索书时备用，载分类号码，及著者名，书名，借书日期，借者签名。管理员凭此在书库取书。取出即使读者在书袋内之书单签名，索书单立即成为日期单，按借书日期排列。

过期单：过期单为过期不还书，通知借者使其速还之格式。单内载借者姓名，所过期书籍，过期几日，罚金若干？过期单根据依日期排列之索书单,逐日发出过期单。单背后载过期章程条文。第一次过期单送出仍不还书,则必送第二次过期单,言词应较为迫切诚恳。

借杂志单:借杂志单应与借书单同,惟应有填写卷,期或号之空格,可与小册共用。中文书单可效此,因中文书须记卷数册数。

借者登录簿　为读者报名借书时之记录。此记录专记读者姓名,号,年岁,籍贯,住趾,职业,介绍人,各项。由借者自己填明。此簿可藉以审查读者资格。小城多用志愿书为根据,大城用相当公民介绍人,或保证人,或为一种参考之证明。此种手续填明方可登录。然后借者得登录号数,此为借书之第一步。第一步登录手续办清,然后有借书证,与读者单,方发生借书效力。

书籍流通记录　图书馆借书处,当有三种记录:(1)何书已为人借出? (2)何人所借何书? (3)何时借出何时应归还? 故有借书单,读者单,与时间单三种。参看附图

(一)借书单　乃附每书书壳口袋内。借者签名或书其登录号数与日期,即可将书取去。此单各馆排列法不同,有以著者姓名排列,有以索书号码排列,此单可知此书已往曾有何人借过,最后书在何人手中。

(二)读者单　以读者姓氏为单位,无读者单处,以借书证代之,亦有有借书证同时有读者单。读者单专记读者曾借何书,隶属何号,何日借,何日还? 此单可知读者借书之勤快与否? 此单有以借者登录号码排列,有以借者姓氏排列。借书证可以携回家者此单亦有准携回家者,其实多所往返。仍以置馆中为便。

(三)时间单　乃索书单,按时间排列而成者。需有附纸粘于书之后页,以促读者之记忆也。时间之用在使读者按时读书还书,因过时不还必有罚金也。

每日书籍各门流通若干。每日按分类号码将借书单排列,数之即得其数。记录之以便报告之用。每日借者若干? 借书若干?

罚金若干？参观者若干？管理员若干？等项按表填之，集多而为图书馆内之统计，可以稽考馆之功用与其发展。

借书手续　在普通公共图书馆借书时只须将书单从书袋中取出签名或将借者登录号数记下，所以代签字之明。管理员随将日期印于日期单及借者单。书可立即排出。每日工作终止后即可将借书单按登录号或姓名排列。借者来借时应先查借者前所借之书是否过期，或过期当罚金若干。请其先付罚金，否则不许再借。

还书手续　先由借书单柜中取出，若与书中号码相符合即将借书单还于所还书袋中。然后取消读者单及时间单等，暇时将书安置架上，大图书馆有典藏部为之安置书架整理号数，按期打扫书架，使不集灰尘。按期或每年典查书籍，有无遗失，是为图书馆典查，典查时宜不借书。

一切手续，记录宜详确无误，手续宜快，不有遗忘，今日之事今日为之，不使延误。

图书馆章程

本馆章程以能印刷为佳，如其不能，油印亦可。但章程中所当注意之原理（一）决不可有命令式条文（二）文字简短清晰，条文少而义赅致使馆外误解，文辞意思皆以庄诚出之（三）万不得已，解释时可云："此章程为委员会所制，并非管理员私臆。而所制乃为保障多数读书人之利益起见。"管理员之职责乃使读者履行章程，与管理员个人无干。

（甲）开放时间　上午八时起至下午九时止最普通。小图书馆之读者少，经费少；宜规定一三五或二四六开放，或每日仅开半日。儿童图书馆应自下午三时开至八时。星期日有停止阅览者，有开放半日者。假期临时再定。公共图书馆在暇期中，人多有空闲可以到馆,故有开放之必要。以假期为多数人共同之机会,不可遇假期而反关闭,致反失服务良机。故余极主张公共图书馆如经济不生问题,成终岁终朝开放也可。

(乙)如何借书　是否要保证人或介绍人之保证必在条文说明。何人有借书资格,并如何注册登录,暑假寒假借书,须有储金二元。旅客借书,当有储金。借书手续及资格必先载明。

(丙)每次几册　普通公共图书馆每次只准借三册。而三册中只准二册为小说。英国虽准借四册,四册中一为小说。

(丁)期限　普通借书以二星期为限。新书读者多故时不可久,只准一星期。教员有学期借书。研究专门问题之书籍,时应较长。

(戊)过期　过期第一日罚大洋一角,次日罚大洋二分,日多照加,但不得过书原价。

(己)不借出之书　参考书与装订杂志皆不借出。性欲书不正当怪诞不经之书,无相当学者介绍不借。不易得之古版书亦不借出。学校中之教员指定参考书,非教员自己许可不借出。此类不借出之书,非因图书馆抱闭开主义,实乃为维护多数人之益,非得已也。

(庚)失书与毁损书籍　此当照章由借者自动报告赔偿。有意毁损则当赔偿,而且另加惩罚。情有可原者可通融办理。如不愿遵章赔偿者,停止阅书借书利益。

(辛)预借法或保留法　借书时某书已为他人先借,故向流通部预借,候他人还来,随即请图书馆代为保留,不借与他人,故为预借法或保留法。因馆中无钱多置重本,故用此法通融,颇受读者欢迎。读者只须预储钱一分,以为明片通知之用。

图书馆互借法　甲乙图书馆所收藏之书籍各有多寡出入。往往乙图书馆发生问题,缺少某项书籍,而甲馆则有之。可用互借之法,其他各馆亦可仿此推广。合作之馆愈多,图书之借用愈易。有关系之馆应先有相当了解。

借书过期　如借者借书过期不还图书馆管理员当根据日期，逐日发过期单催借者还书。如第一次过期单发出即还，只得按所过日期定罚。如第一次过期单已发，而借者仍置之不理。发二次过期单，或可即还，此固在借者之人格。图书馆用强硬手段亦不能达目的。此时当另想办法，或由图书馆派人至借者家中去取，由借者认付车费。如仍不还则可交公安局办理，要知交公安局去索，乃不得已也，非必如是也。

图书馆罚金　图书馆应否有罚金？罚金宜轻宜重？固属重要问题。然第一问题不解决，不应谈第二问题。宽大派主张图书馆为公共利益机关，不应罚金。罚银钱则是将此机关陷入于商业化矣。纪律派主张图书馆，惟其为公共机关，故必设法保护多数人之利益。而罚金乃其法之一，且也设罚金之例，并不在得金钱，乃在使人不违放章程，从速还书。少数罚金，不啻涓滴，何补于馆费之收入。人性好惰，往往并不愿违放馆章，皆因懈惰遗忘而受罚。理论如此，固在人之善择也。果择定用罚金则不宜过重。第一日过期不还罚一角，第二日二分，余顺加。不能过书原价，应载在馆章。不有罚金则已，有此条例非按章执行不可。苟有漏网则法不能行。每日罚金宜有报告清册，交会计处以为收入。

图书馆之广告已详见第二章。现代图书馆之特色，不再论。

图书馆流通书籍与外间之传染病颇有关系。故必与市立之卫生局严加防备。或停止有传染病区域内流通，或用药蒸法，求消灭毒菌，以免沿传。

总之，图书馆之书籍乃为流通而设置。苟不流通则不成其为图书馆矣。所畏者借非其人耳。然若以借书为畏途，则图书馆亦不可办矣。所难者人格问题耳。故今之谈社会教育者当以培植人格教育为主。其责不全在图书馆矣。盖人格教育为图书馆书籍流通之担保，而吾尤望社会教育家注意于培植民众：

（一）爱读书习惯（二）爱借书习惯（三）爱还书习惯。凡此三种习惯,要亦社会教育家之所同意者。

书籍失落撤消　图书馆书籍被人裁坏或被窃去则无以流通。故所有记录必全消毁,除非购新本以补充。购书单应注明失落或撤消字样。登录簿,编目片,架目单书单等皆应——取消。另立撤消书单与失落书单,记所失书籍,经济宽裕能添补者应速补之。撤消与失落数目,必自书籍加增总数减出。

开放书库书籍,易于失落,或被偷窃。亦有因读者在书库中自乙架二层取书,阅后忘却,而置丁架三层,则随便翻阅,颠倒错乱,翻后乱置架中,分类号码由是错乱,失原有次序。书虽在库中,然因错置而以为失落者,常有之。读者且不认错。故逐日应由典藏部整理:（一）读者借出所归还书籍,消账后送还架上。（二）读者在开放书库中所置窗版上之书籍,所以避免错置架上,亦应按日归还书架。（三）依架目单次序,整理书之次序,至少每年一次。报告已失之书,常可由整理而发见。

巡回书库　办法先规定设站区域而后设站。假设区域图划分为六。每处设一书站。书站或编号数以以区域地名区别之。由总馆备书,每区域一箱。六区域六箱。每一箱如系二十本不同书籍。各箱即一律储二十本,如五十本即每箱皆五十本。视馆之经济状况与读者之兴趣以为断。书籍当然以选民众化科学常识,文字美丽,错词雅致之读物为宜。如每箱二十种六箱百二十种。第一次将六箱交与六区域之书站管理处,表明箱内书之种类并告知何日起至何日止,过期应送往其他规定书站。每处存二月。书少站多,每处可存一月。以六箱流动六区域中,流通一年,则各区均受其惠。书之种类或部数,存站日期之长短区域之多寡,筹备之先,应有图书调查报告,然后可望斟酌情形办理。流动书库逐日用气车送至无图书馆区域之读者家中。则无时间入图书馆者可看书籍矣。

巡回书库按月轮转表

书箱号数	正月至二月	三月至四月	五月至六月	七月至八月	九月至十月	十一月至十二月
1	1	4	5	6	3	2
2	4	5	6	3	2	1
3	5	6	3	2	1	4
4	6	3	2	1	4	5
5	3	2	1	4	5	6
6	2	1	4	5	6	3

哈佛大学图书馆
HARVARD COLLEGE LIBRARY
特许入书库证
ADMISSION TO THE BOOK STACK

Upon presentation of this form, properly filled out and signed, to the officer in charge of the Delivery Room, a card of admission will be issued.

Mr. ·· , Class of···········

a member of my course, ······························ ,desires permission, under the usual rules, to consult books at the shelves in the department of················

··

for the – period of···························weeks – remainder of the present term.

Such permission is essential – to the proper prosecution of the studies upon which the applicant is engaged under my direction, and he is, in my judgment a fit person to enjoy the privilege.

It ts understood that the holder of this privilege will confine himself to those departments of the classification designated above.

································

NOTE. – In general, Undergraduates (except those pursuing Graduate courses) are not granted access to the book stack for a period of more than two weeks at a time.

DREXEL INSTITUTE LIBRARY
MONTHLY REPORT

Date ------------

Book account

On hand last report ----------------------

Added

    Purchase

    Gifts ------------------

    Binding ------------------

Total added ------------------

Withdrawn ------------------

Net additions ------------------

Total books on hand ------------------

Periodicals and newspapers

Received by subscription

    gifts

Total number currently received ------------------

Circulation	Day	Evening
000 General	----------	----------
100 Philosophy	----------	----------
200 Religion	----------	----------
300 Sociology	----------	----------

400 Philology ---------- ----------

500 Science ---------- ----------

600 Useful arts ---------- ----------

700 Fine arts ---------- ----------

800 Literature ---------- ----------

900 History ---------- ----------

Total, day and evening ----------

Registration

    Day School ----------

        Last report ----------

        New ----------

        Total ----------

    Evening school ----------

        Last report ----------

        New ----------

        Total ----------

    Total, day and evening ----------

Fines collected

    Total for the month ----------

参考书

1、Blades, willian: Books in chains and other bibliographical paper N. Y. ,
    1892 P. 1 – 81

2、Bostwick, A. E. : American public library chap. 4, The library and the pub-
    lic p. 34 – 55

3、＿＿: Library circulation at Long Range (In his: Library essays 1920 p.

221 – 229) (Other essays , in his : Library essays 1920 p. 171 – 204)

4 Brown , J. S. : Manual of library economy 3d. ed. London , Crafton 1920

Cha p. 23 Rules and regulation p. 322 – 340

,, 24 Registration of borrowers , p. 341 –

,, 25 Issue methods , p. 350

,, 26 Book distribution , p. 366

5 Dana , J. C. : The library primer Boston , Library Bureau , 1920

Chap. 21 , Charging books to borrowers p. 149 – 59

,, 22 Lists , bulletins , printed catalog , p. 159 – 67

,, 30 Rules or suggestions for the public , p. 178 – 83.

6 Flexner , Jennie M. : Circulation work in public libraries. chicago , A. L. A. , 1927.

7 Janzow , Laura M. : The library without the walls , reprints of papers and addresses. N. Y. , H. wilson , 1927. 679 p. (Classics of American librarianship , ed. by Arthur E. Bostwick.)

8 Hitchler , Theresa M. : The library assistant in the loan department (In wilson Bulletin , v. 2 : 23 : 483 – 6 Dec. 1925 – Jan. 1926)

9 New York State Library. Lecture outline and problems 3. Albany , University of the State of New York , 1913. Loan work , p. 45 – 52.

10 Spofford , A. R. : Books for all readers. 2d ed N. Y. , Putnams , 1900

Chap. lo Aids to reeders p. 190 – 214

,, 11 Access to library shelves. , p. 215 – 225

,, 18 Library regulations , p. 341 – 43

11 Stearns , L. E. : Essentials in library administration 3d ed. rev.

Chicago , A. L. A. , 1922.

Chap. 10 : 16 Hours and days of opening

,, 11 : 17 Rules and regulations

,, 23 : 30 Renting collecetions of popular books

,, 37 : 56 – 58 Loan system

,, 38 : 58 – 61 Blanks and forms

,, 39 : 63 Withdrawal record

, , 42:68 – 9 Disinfection of books.

12、Stewart, James Douglas and others. : Open access libraries, their planning, equipment and organization. London, Grafton, 1915

Chap.　7　Charging systems. p. 155 – 178

,,　　8　Special rules　　p. 179 – 98.

13、Vitz, Carl P. P. : Loan work. Ed. 2´rev. Chacago, A. L. A. 1919 30p.

(Preprint of manual of library economsy, Chap. 21)

14、Wells, Jessee: Some 26th century lending methods (In wilson Bulletin v. 2:16323 – 8 Dec. 1924.

Sheet　2

Circulation

(Readings)

15、Wilson, Martha: School library management. 3rd ed. rev. N. Y. Wilson, 1922.

p. 68 – 75 Charging system

16、Wisconsin　University Library School Faculty: An apprentice course for smsll libraries…Chicago, A. L. A. , 1917.

Chap. 8:26 – 29　Loan work – pt. 1 by Marion Humble

,, 11:38 – 44　Loan work – pt 2 by Marion Humble.

Branches libraries

17、Branch libraries (In Drury, GG. : The library and its organi zationp. 157 – 191.)

Inter – library loans

18、From the viewpoint of the lending library by F. W. Ashley

,, ,, ,, ,, ,, non – lending library by Rarry N. Lydsnberg,

Library journal: 51:20:1013 – 1019 15 Nov. 1926.

Browning, Rarl W. : Business principles apdli to loan work (Inwilson Bulletin 2;23: 494 – 497 Dec. 1925 – Jan. 1926.

杨昭悊:图书馆学　五篇5 – 6章图书馆阅览与图书的贷出。

洪有丰:图书馆组织与管理　上海商务

第十四章出纳法 p. 212 – 18

第八章　图书馆建筑

论中国藏书楼建筑:吾国藏书楼之建筑向建立于山清水秀之园旁,无人问津,仅供少数名士之玩赏。然亦有著名建筑为四库馆阁所摹仿抄袭者。此即明范懋柱家之天一阁是也。据阮元云:"天一阁之建筑。第一建筑孤立,不与他建筑毗连。"盖吾国建筑多有毗连之病,建筑毗连则费廉而火患难防。第二建筑以石及防火之料为之,可保不引火。是天一阁建筑之特点也。四库馆阁未建之先。遣人至鄞县研究。可见天一阁在中国藏书楼建筑上占重要之位置也。惜其记载之不详,或详而不易寻耳。而今所存者仅一滥败之空阁矣。

自明季即知防火原理。盖因费钱,难于应用此原理耳。惟今日国中之图书馆有建筑而防火者,当以清华大学图书馆,南京之孟芳图书馆,上海之东方图书馆。而以清华之馆为最优,惟遭物议者,谓其太繁华耳。有新式建筑者当推苏州图书馆,约翰大学图书馆,交通大学图书馆等。虽有建筑,并不防火,甚或有新式之建筑,而缺图书馆之知识,与无建筑等耳。暂用他处为临时馆者,如金陵大学图书馆,苏州东吴大学图书馆,虽暂觉不便,然布置得宜,反得其用。多有计划建筑或筹备建筑者。惟以经费一切较他种建筑不同困于实现耳。至于旧式图书馆,如省立第一图书馆,与第二图书馆,所藏善本甚多,皆世所罕见者,建筑既不防火,而许管理员寄宿其中,万一木板旱,而馆员不戒于火,则无法挽回,故不可不从速补救。其他不堪设想之建筑,或以房之一隅,或以不相连接之房,以为管理处与阅书室。笑话多端,不可胜记。

其实图书馆建筑乃最后之成功,非必先有者也。果使有相当地方,可以安置书籍与流通书籍,可以使读者能通行无阻,即为好建筑,不必先造大房。常见有数十年历史之图书馆至今仍无建筑,仍租赁房屋。其病在暂时牺牲,而其优点则在可有多时间之惨淡经营,悉心计划,成为优美新建筑。此种建筑,布置适宜,好光线,空气,便利,空间之利用,无不有精奇之计算,而其为用也亦宏而久。

图书馆建筑原理

(一)图书馆学专家,工程学专家与熟悉本地情形之图书馆委员代表三方同意,方可立定建筑方针与计划。如仅一方面供献意见,则他方面必牺牲,建筑必因之而牺牲。计划必经多数人之计议,多时间之商榷。不可造次,随意所欲。优美建筑非一日一夜所能计划完备。图书馆建筑时,往往当轴轻视图书馆专门家之意见,以致建筑失败。或布置不完密,或因中饱多而不耐久。

(二)吾国已往之藏书楼皆系木料造成,不能防火。故藏书楼每易为火所毁。今后图书馆若能经济宽裕,必建钢制之书库,与西门钉地板,砖墙,以防火患。

(三)往者藏书楼皆立在山上,今后图书馆必选择市之中心,通衢大道,人烟稠密之处。离居民区与工厂区学校区最近为宜。学校图书馆应建立于全校之中心。求合男女老幼贫富读者之便利。

(四)建筑四周必空旷,多阳光,有空气。四周空旷无靠,既可防火,又易扩展。阳光多则吸引读者。空气新鲜则读者与管理员难于困倦。

(五)每馆必可有发展余地。欧美图书馆之经验,十年廿年前所建之馆,今者不敷应用。或另择地重筑,或改作改为,或就旧馆

90

而加以扩张。若馆之原趾广大即不生问题，易于布置。故于建设馆时必先划大地，以备将来扩张，法至经济。中等公共图书馆当计算十年发展之可能。大者当有二十，五十年之远见，但不必将二十年五十年所需之书库，预先建筑，陆续添置可也。

（六）必适合经济状况。所以委员会中当有一谙悉本地或本校情形兼知其经济状况之人，则建筑费不至落空或有不足之虞。且能顾及将来经常维持费，使无甚增加之处。

（七）若此馆已有数十年之历史，必适合馆中已有之建设，使不相冲突。适合读者及各部分办事人员之需要与便利。故必参加在馆任事专门家之意见。其他位次之多寡，书籍之容量，馆为开放式或闭关式，馆中将来进行之大政方针，皆当预为之记。

（八）朴实而适用，与服务者及读者之最多便利，"用"在"美"之先。不可徒为美观而转失其功用。能"用""美"兼而有之则更妙矣。要知图书馆之建筑非为美而建筑，乃为其用而筑也。希图壮观之建筑，非特不能增多读者，且而减少读者。盖一般平民为壮丽闳大之馆所惊，而裹足不前，是求吸引民众者反直接拒绝之矣。

（九）先规定建筑内部各层之布置计划，而后再定外形之美观。若先定外形之美观而后布置内部则非为其用也。是是非倒置也。常见校长室，附设大学图书馆中，红十字会，或其他机关皆附属公立图书馆中，殊不经济。

（十）坚固持久。图书馆建筑非为一二年临时之用，乃文学之宫殿，学者之麦加，应如何使其坚固耐久，立千年之基础，乃者常见今之举办图书馆者，必先建筑。建筑考虑不精，缺乏深密之研究，计划既不适用，材料又不防火，建筑又不坚固求速者反不达，爱之者转而害之，已数见不鲜矣。今之计划图书馆建者，不可不加以注意于实质者也。

决定方针　图书馆建筑委员会既已产生，则必先审定本馆之方针与进行之手续。

规定方针所应知者:

(一)此馆之本身,究系专为流通而设抑专为参考兼保存而设?此馆究为省立乎?公立乎?研究院乎?大学乎?中学乎?小学乎?此问题为建筑先必之第一步。知此则知所以着手。

(二)此馆所在地之文化事业究若何?

(a)有无其他图书馆,与此馆之将来有无影响?

(b)社会之教育机关,宗教机关,政治机关,慈善机关等,各与图书馆之态度若何?

(c)经济状况,人民之生产力若何?消费力若何;知此则了解人民读书之机会与需要,及人民之经济能力,能否每年担任开支。

(三)此馆之地点,何处为全市或全校之中心?何处人烟为最稠密?何处与人民之往来最便?何处总馆不能顾及,必设分馆?所选地之空间大小?知此可以选人民最多最便利之处立之,与本馆将来无限发展之机会。

(四)此馆究应有自由公开办法准许读者有书库出入之自由,或不许书库内自由出入。知此则可于管理方面应如何设施布置。

若能以上问题皆有详细解答,则可立定方针,布置一切内部问题。

选馆趾　先规定地点,或立于街之中,或立于街之头尾,或占全街数号门面,或"倚山造馆"将书库建立于山腹中。或租平房或租楼房。或改旧屋而为之。总以空旷,易于发展,有光线,有空气,不与他屋毗连。虽在交通便利车马皆通之处,以少声音为最宜。

选择工程师　既规定地点,已有馆长参加一切,此时应选请工程师。先研究时地情况,将所要之办法分条列出。与有经验之人商洽。实地参考他图书馆之计划,并绘详细图案。选择最有名望,最能了解图书馆之需要之工程师。善于建造,精于计划,愿受馆长及图书馆办事员之指导,不愿徒以美术上之胜利为其目的,而牺牲全体建筑者。使竞争者绘制图案比较,请有经验之人为之评判,后

92

交委员会通过。既选定工程师,并以细条,详细说明,即应将建筑事宜,全交与之。而建筑预算必就预算加多百分之十,以防不足。小图书馆不必用投票竞争,盖有声望经验之人反不能参加。工程师之报酬若专供图案,值建筑费之百分之四。若供图案兼监督工程,则所值在建筑费百分之六七。小图尤多。

利用空间,建筑赖久,规模大小适中,过大则常年开销必增大。过小则不足发展。馆中无附设之室。内部隔间多则管理人必随之增多,经费必加多。凡此皆建筑时,经济方法所当顾及,而主要经济方法以得以下之结果为断:"以最短时间,最少人力,将书送至读者手中。"空间经济则以最小地方,能容相当多之人数,与书籍。而得最大效果。

优美之图书馆建筑,必细心擘划。关于书籍之多寡,书架之计算,读者座位之多少,房间之大小单位。已筹得之款,每年经常费若干? 建筑之大小,形势,地址,皆应有精确之计算,并审查各方面关系之出入。兹分别述之于后:

现代图书馆建筑之主要条件,惟有书籍之储藏与阅览之座位。书籍之如何安置,必先有书架。欲知应设书架若干,必先数书籍。书籍之数,年必审查一次。每年新入之书必有登记。执数年之总,以其年数除之,即得书籍每年增加速度,宽放数目。至于无用之死书与损毁之书,旧板之书,年必减少一次,加以修正则书籍日趋于新而有实用。

书库计算法:图书馆最要者为书库。若计算一馆书库当筑若干,可先估定,大要不外以下数条:

(一)馆中现有书籍若干?

(二)馆中每年约进若干书籍。此数可由以往数年之平均数求得。乘二十年之速度,即得二十年后可加增书籍。

(三)馆中所有大本书应有之架。

(四)馆中预算外,忽有赠送来之书,与新购之书。

（五）馆中编目，典藏整理所需之空架。

（六）加之参考书，杂志增加之速度（以上四项仅以每年速度之半求之）

（七）减去年来所失与撤消书籍。

由此可求二十年发展之画库，有书若干，需架若干？书架板每尺容西书十册。实际容量七册，三尺长书架可容三十册。实际容二十一册。余剩之地位为新书而设。书架高七层是每架可容二百十册。双面书架可容四百二十册。架板距离十寸，架板宽九寸至一尺用活落式以便上下。书库容量，于此类推。架高六尺七英寸。板长三尺，更长则板易弯腰。架高则必用梯，实不大便。中文书尚无标准计算，仍属问题，有志者应从事研究。

木质书库，价廉物美，惟易引火。钢质书库，价昂而防火。空气易流通，节省空闲。高而稳，不倚墙而自固。每架板七层可为楼一层。开放式书库走道当四尺宽，闭关书库三尺宽足矣。初设之公共图书馆，书籍无多，不必从速建筑书库。可先造若干单位式之书架。先可作书库用，以后扩张，可移至阅书室为墙架之用。除书库之架，与墙架外，当有书橱，以备置特种图画书之用。其实防火与否并不在用钢架，乃在其他建筑材料，与不许烟火入书库。若此不论，纵火发生虽钢架而书仍烧毁，与木架等耳。

建书库原理

（一）架位占空间小而容量大。

（二）节省经济：省时间，省人力。

（三）易于发展，或有退步。

（四）易于应付一切新问题，或更动位置。

（五）防火。书库独立，不与他处毗连。

（六）有自然空气，免湿免虫免霉。

（七）钢架独立，不倚围墙，由地底生根。

书库之所在，以便利合用为合格。在读书室后，流通书台后，读书室楼上或楼下皆可。有平行建设者,有用辐射式者,辐射式前狭后宽,入口狭而内口宽。难添置书库,易于管理,惟建筑费昂,宽处可置小桌,为学生读书处。平行式较普通容书多,甚经济空间,易于发展添置,故采之者多。

小图书馆当以置单书架为先,书少时先靠墙,书多则加架,架多则以架顺有窗之墙成一直角空立。可容光线照架上,背与背对,留三尺路道,再平行置之。以书籍之增加而加架。是为书库,书库者以最小之空间,置最多数之书籍,而能取携最为便利者也。是法如已无隙置架,可另造书库。

图书馆建筑之所在应与街道接近,且少台阶。与普通商店同,则读者取其便利,而来阅借图书,大馆虽有庄严之气象,则不咄咄逼人。有门前置喷水池者,正面墙石上砌各色人种像貌,或世界各国之学术家姓氏。进大门处宜免用台阶。入门则置雨伞架,包书纸,空座位,等等。小馆直至出纳柜,极为便利。大馆有大厅或空旷之道如 Vestibulie,其中仅置一二博物院,陈设所用之架而已。此非小馆所宜有也。美国国会图书馆之走道厅前,辉煌异常,有若宫殿,四周围墙皆五彩壁画。柱石上镂有古今读书格言。入流通室正门上有书籍源流图画,或文学家理想人物。彷徨流连,不忍遽离。

所有各室,可分三种。(甲)为读者之用,(乙)办事人及管理人之用,(丙)特殊办事室。

(甲)为读者之用:

小公共图书馆只有一办事室。馆长室,编目,购书,管理员皆在其中。而此种房间多设于儿童阅览室或普通阅览室之后。大者则各部皆有专门办事室。参考室,流通室,购书室,编目室,目录室,特藏室,等处;宜有亮光,近书库。装订室,印刷室,储藏室。盲人读书室,讲演厅,洗手处,厕所,夫役室,具在楼下。办事处宜寂静无声。

开放书架室　书库在小馆固乃公开,随读者出入。大馆不然,有所谓"开放书架"室,选常用之书,听读者翻阅浏览。截然与书库分开,最宜设于借书台旁。以其易于管理。小馆则虽此亦不能备,仅有"新书"书架而已。凡此办法,实为现代图书馆中之特色。嘉惠读者,诚非浅也。

"研究室"　界乎书架与阅览室之中者为"小研究室"Alcove。在阅览室内,以书架与墙作一直角,以书架为其隔间,仅能容三四人。每一室可有十二尺宽,架专门参考书籍。取其独立可为研究之用,不与他处乱杂。然与外界无所间隔。故有第二法"立体室"Cubes。义谓形如立体,建于书库墙四周。非作专门研究,不许用此。每人一室,需用前必填志愿书。左右隔间外一门,读书时,可锁闭。其中置小桌椅书架各一。一入其中,无人可扰其神思。只置桌椅于书库间,不得称之。然管理困难,书锁其中,不能知其架所存留之书为何。故又有第三方法,为小室 Carrels,仅将第二法之隔间,取而半之。则光线较好,管理较便,书籍易于检查。而读者亦便,无人干涉,无人打扰。大学图书馆,置有关本课程之书籍于一研究课室者,称为 Seminar。

阅览室　除书库而外,次要为阅览室,阅览室有数种。有普通阅览室,为普通读书之用,布置可用长方桌,三英尺宽五英尺长,每棹少则坐四人,多则能容六人。座位当以平日读者平均计算而定。以全境内登录读者全数百分之一,大学图书馆则以全校读者四分之一为标准。杂志报章阅览室为阅杂志报章而设。报章杂志具有专架参考阅览室为参考书所在,参考部主任在此。小公共图书馆,往往有三种阅览室,并于一处。大公共图书馆可各有各种阅览室。然小公共图书馆多有儿童阅书室在馆之左手或右手。与普通阅览室对,或儿童阅览室在楼下不与成人读书室杂乱。或同一室而隔开,或各占一室。小公共图书馆参考部与流通部在一处。二人之事可由一人兼之。询问处亦在此。流通部书台即在馆门正面。在中国男女在一室阅书,为礼教上之一问题。余意破除一切成见,男女可同在一阅览室内读书。不必另生枝节,另设妇女阅书处。徒多耗费,无补于事。流通部两旁可设新书书架,为置新到书籍,目录柜亦置于旁。入馆门处应置放雨伞雨鞋之架,以免带入,浸于书籍。入门后即有坐次为候借书处,或候朋友坐处。而后左为普通阅书室,右为儿童阅书室。小图书馆各部聚于一室不用隔间板,管理仅须一人。墙之四周皆置书架。放桌处应留宽走道。

书籍流通处　书籍流道处或名出纳处,应设于读者与书库之中,办事室与阅览室之中间,则管理员方可四方在望。读者填志愿书,登录,出纳,归还等手续皆在此处。流通台有为 U 字形之柜台,外面板壁,内面大小空架,以便临时存储还书。U 字形之优点可听管理员不站立可取放物件。是台可以五小桌联之而成。大馆用圆形,或高柜台,或□式留三门。

(乙)为办事人及管理人之用:

(一)委员会聚会室　专为委员会聚会时而设。此种设置,仅见于大馆,小馆则不然。且而并非必要,民众图书馆,尤不应置此贵族式之设备。

(二)馆长办公室　室中专备办事台与客椅,目录书文件柜而已,不宜多置器物。书记打字员应在小房中,使此室寂寞无声,以便与外客有接谈之机会。

(三)购置室　此室专为购置书籍与文具设备而较。此室宜近馆长办公室及会计处。

(四)编目室　为编制目录之处。分类,标题,架目单之编制皆在此。以此数者工作相关,不能分开。编目处应详备目录书籍,以上几种,皆宜后近书库,前接阅览室。

(五)装订室　为装订杂志,破滥残缺书籍,修补书籍而设。关于装订之设备,如材料,糊浆,重压机,切纸刀,等。机器甚重。此室宜设楼下小馆仅设修补部。

（六）印刷室　为印刷馆中出版物如各种格式,读书单发表研究结果,报告,广告等等。此室宜近装订室。

（七）收藏室　为邮件及一切物品,来馆之入口处。

（八）装件室　为馆中一切包裹发出之处,或由差役送出,或直寄邮。流动图书馆之书,即由此选出包齐寄出。

（九）储藏室　为储藏馆中旧书,重本,文具用品,设备之多者,储藏其中。

（丙）特殊办事室或阅览室　吾国如系新立图书馆应先置有关党义党纲之书籍,为特藏室,搜集中山像片遗墨一切。

（一）宗谱特藏室　专司搜集宗谱家谱之书。

（二）美术特藏室　专为搜集各种美术作品,及论美术书籍。此类书籍作品应有展览柜。

（三）音乐室　专为搜集音乐书籍,乐谱,音乐器具,为流通参考之用。尝见大图书馆,虽乐具,亦可借出。

（四）地图特藏室　专为搜集古今各种地图,并置地图索引以为参考之用。

（五）杂志特藏室　装订杂志,可置其中。阅览室中陈列最近期杂志。

（六）新闻纸特藏室　专为收集装订报纸之处。

（七）宝库　专为藏珍本,精本,善本,孤本,举凡价值最高之书籍,稿本,藏于其中。库之四围,皆以石砌成,门用钢制。与总书库毗连。

（八）讲演厅　公共图书馆之讲演厅功用甚大。宜置楼下,使听讲者易于出入。且免有声扰乱读者。此法易于管辖。不宜置楼上。公民讲演,幻灯讲演,诗歌音乐会,皆可用此。

（九）盲人读书部　为盲人读书处,借书回家亦在此处。

阅览室内普通布置　室内不宜多墙或格间板。既损光线,复难于管理。四周围墙不宜多悬书画。过多则有伤雅观。墙下半置书架，上半有窗，布置似觉空旷，而管理无需多人，是为至要。地板用砖地甚好，或恐泾气一律用板。水门汀泥，硬而有声。大理石价值大昂，瓶塞木最好，软而无声，然价较昂。天花板宜朴实，不宜多画。阅书室屋顶可有采云壁画，藉以养读者眼力。楼梯宜平，近出口处，而不妨碍读者出入。楼梯应平而不陡，则老少皆便。近大门，不阻难室中行动，则便利一切进行。不可建螺旋式楼梯，徒多花费而不能有实用。

建筑形式　内部布置完备，而后研究外部。有方形者，四壁皆列书架，前半安置书棹。有长方形者，左置成人，右置儿童，流通部书台在中，迎正门，报纸部及参考部在成人部后。有三叶式者，左右为儿童成人分开，中后为书库。有丁字形者与口字形者，皆不甚经济。田字形或四方形国会图书馆如之。日字形者或二方口形纽约公立图书馆如之。种种不同。有凸字形者如孟芳图书馆。有凹字形者如苏州图书馆。有半圆形者。要在所选择地面之大小，与馆中内部之需要而定。长方形最普通，凸凹形次之，丁字形又次之。口字日字田字形多为极大图书馆所采用，以其光线较佳故也。

光与空气　光与空气为人生不可须臾离之物。故无论读者办事人或书，皆非有光与空气不能生活。光有自然与人造二种。自然光由窗而来。故窗高至房顶，少阻拦光线之物，入室之光度，方充实而强。室中粉饰应反光而不浸光。其他如照像馆所用之天窗，或戏园屋顶所用之光。人造光由电而来。书台，天花板，书架各处宜用自然光，夜间用折光。否则易伤眼。大图书馆如哥伦比亚与国会图书馆以圆屋顶 Dome 为阅书室光线来源。自然空气由窗牖出入。人造机器空气，由水滤过。热必有风扇，冬必有热气管，或热水管。火炉易引火，多灰尘绝不宜用。

馆中应设饮水泉或饮水器。此外如公用电话，休息室可为指定吸香烟处。点心处厕所等，皆为读者之便利而设。内部运书之书车，递书送书之电机。自动之升降机。巡回图书馆之气车。国会图书馆之地道，之流通电机种种，科学发明之贡献，大图书馆无不尽行利用。

中国图书馆建筑之问题　中国图书馆之声浪，日高一日，而经费仍显不足之状。故于此事业起始，经济不能不生问题。每馆必有专门建筑，理想事也。于此经费拮据，百事待振之时，无事不需巨款。而教育上可用之款，向列各项之后。故图书馆本身不能不自想生存方法，无已，故吾提议以城市中庙宇为公共图书馆之临时馆址。可以废物利用。即庙宇非废物亦不背以公益之建筑为公益之事业之理。如本提议不能商用，第（二）提议即为修改中国原有建筑为馆之用。吾国普通建筑为三开间房屋，将其格间版取消，两旁山墙添窗，改前后窗格为高窗短墙，则可使建筑坚固，即可合用。能得大厅，更易布置。热心办图书馆者，或者以此为然。在未能筹款之先，都应暂租普通房屋。即能筹款建筑，也必缓缓经营计划，使数十年百年后，仍不实其效用。最恶今日筹得款，明日即开工。其实未筹得款时，即可从事计划。建筑计划，愈考虑，愈精密，愈能耐久，而用愈广。总之一物必有一专门目的，专门方法，专门作用，决不能张冠李戴。帽与鞋不能互相借用。成人衣服，孩童焉能借着。图书馆之建筑亦如此。图书事业既为专门事业，当然有专门需要，试看东美纽约公共图书馆，中美芝加哥公共图书馆，西美三藩市之公共图书馆，即知其建筑所在，皆人烟稠密，交通便利地方。书库必系钢制，既能任重，且能防火。置书全不虚占空间。读书地方，皆光线甚亮。日间有自然光线，夜间有返折电光。窗户多，并有透空气机关。流通处接近大街。办事处皆按照需要建置，读者座次亦颇舒服。夏有电气风扇、冬有热气管，并有饮泉。借书机关，是以机器代人，十分钟内可以取出来，决不如中国藏书楼，无论何地方，无论何种房屋，皆可充为图书馆。器具随便可以挪用。书架,书箱,板,皆可以做书库。读书地方,既不讲究空气,而且黑暗,地下湿气大。借书时间往往要候一二小时。甚且寻不出来,种种事皆因陋就简。追问何以,皆是经费不足之苦衷。试问中国是否无钱? 如此因陋就简之藏书楼,如何能配说保存中国文化? 更如何可以保存宋元明版? 房屋都不能避火,一旦失慎,追悔无及。况且近来中国年年有战,满地皆兵。藏书楼又不能免于驻兵。兵在藏书楼,楼中之书皆成柴料。其不为墟者几希。更如何保存? 不禁言之痛心! (要知道建筑的详细可读《学艺》七卷七八期马宗荣所著之《现代图书馆经营论》。)

Library Buildings

(Readings)

Andrews, C. W. : Economics of library architecture. (L. J. May 15, 1921,46. 437 – 41;499 – 503)

Bostwick, A. E. : American public library. N. Appleton, 1923 Ch. 21,P,2813,311

Brett, w. H. : Library architecture from the librarian´s point of view. (L. J. Aug. 1906, 31;C48 – 52)

Brown, James Duff. : Manual of library economy. 3d. ed. London, Crafton,1920,

　　Chap. 8 – – Building p. 106 – 166

　　 ,, 　 9 – – Sites and plans

　　 ,, 　 10 – – Fittings and fixtures P. 133

　　 ,,11 – – Shelving and accessories P. 141

　　 ,, 12 – – Furniture 　 P. 154

Briscoe, Walter A. : Library planning, a compilation designed to assist in the planning, equipment, and development of new libraries, and the reconstruction of old ones ⋯ London, Grafton, 1926.

Burgoyne, F. J. ed. : Library construction, architecture, fittings and furniture. London, C. Allen, 1887,336p. (The Library series, ed. by Pt. Gamett)

Carnegie Corperation of New York Notes on the erectior of library buildings

Chandler, Alice G. :The country library versus the donor and the architest. Mass,Lib. Commission,Boston,1915,

Dana, J. G. : The library primer. Boston, Library Bureau, Chap. 8,p.28 − 52(Room, Buildings, Fixtures)

第九章　图书选择法

　　书籍选择之必要　古今中外图书浩如烟海，汗牛充栋，而今日之出版界所出之书，仍车载斗量，络绎不绝，此数量之增多，不可不加以选择者也。数量既多，未必尽皆道德文章，思想学术之著作，安见其皆有益于吾人之身心乎？上而十三经百子下而电话簿，电报书。一则千古不灭之文化结晶，一则临时用物，然同一印刷品也。其中之是非善恶，非先有客观之标准不可。其实质量上有价值之书仅属最少数，此书籍之质量不可不加以选择者也。书籍之善恶，是非，又何由可定乎？一时代有一时代之是非，一时代有一时代之善恶。甲时代以为是者，而乙时代以为非，甲时代以为善者，而乙时代以为恶。是非不清，善恶不明，甲谓之是，而乙谓之非，甲谓之恶，而乙谓之善。是非善恶无一定之标准，专制时代，凡歌功颂德者为是为善。凡有革命思想，疵议朝政者为惑众。于是歌功颂德之无聊文字，或可幸存于今日，其毁谤朝廷者，即遭文字狱之惨。社会之道德标准风俗习惯制度，因时代地方人事而变移，书籍因社会思想道德之变更而变更，此所以不可不加以仔细选择者也。地方事业各有不同。故社会上之研究，学术兴趣，需要书籍亦因之而异，有需要参考书者，有需要消遣者，有需要研究者，有喜阅文学者，有喜阅哲学者。地方读者因年龄，兴趣，教育，经验，职业之不同，而书籍亦因之而异。此须要之不同，而书籍不可不加以选择者也。且也图书馆经费，来源有限。而图书费仅为有限经费中之百分之二十五至百分之三十。以此有限之有限,购置无穷无穷之书籍,此为事势所不能不加以选择也。虽国立图书馆尚不能有充分之经费,况其他小范围之图书馆乎?中国连年有兵,民困财穷,故选择图书尤不可不就经费范围而为之。爰将书籍范围及选择普通原理姑顺次条列之。

书籍范围 中国书籍之范围要不外四库,四库存目,四库未收之书籍,更惟有《永乐大典》,《图书集成》。方志丛书各种版本,善本手批手校本,钞本等。旧藏书家之范围,仅及于此不能发展。从无远大计划。关于采购中国书籍之范围广州中山大学顾颉刚在购求中国图书计划中言之极详。兹将其纲目择录于后以资参考:

(一)经史子集及丛书。

(二)档案:凡诏令,实录,国书,奏章,告示,会典,方略,则例,报销册,统计表,货物出口入口表册,及一切中央政府和地方政府之公文公报均属此类。

(三)地方志:凡一统志,省志,府志,县志,乡镇志,寺庙公院志,地图,地方调查表等均属此类。

(四)家族志:凡家谱族规,家训,祖先图,世德记,氏姓考,照片等均属此类。

(五)社会事件之记载:凡报纸,杂志,报告,传单,章程,纪念册,人名录,某一件事之专记等皆属此类。

(六)个人生活之记载:凡日记,笔记,手札,讣闻,哀启,行述,寿文,挽诗,传文,节考录等,皆属此类。

(七)账簿:凡商店之取货簿,营业簿,货价单,工厂之物料簿,工资簿,田主之收租簿,完粮簿,公共机关之征信录,家庭和个人的伙食簿,杂用簿,以及婚丧喜庆之用费簿,礼物簿等,均属此类。

(八)中国汉族以外各民族之文籍:凡满,蒙,回,藏,苗,獞等,民族之书籍,经卷,公文,金石拓本,及记载及语言历史之书,均属此类。

（九）基督教出版之书籍及译本书：凡各新旧教会出版书籍，如各种方言之新旧约，宗教学书，历史书，科学书，定期刊物，报告等均属此类。

（十）宗教及迷信书：凡佛书，道书，善书，神道志，神像，符咒，入筮书，星相书，堪舆书，均属此类。

（十一）民众文学书：——凡小说，故事，戏本，弹词，鼓词，滩簧，杂曲，歌谣，宝卷，诙谐文等均属此类。

（十二）旧艺术书：——凡医书，乐谱，棋谱，法帖，画谱，图案画谱，游戏书等均属此类。

（十三）教育书：——凡旧式儿童读本，科举用书，历年新式教科书，各学校讲义课艺，试卷，报单，文凭等均属此类。

（十四）古存简籍：——凡商代甲骨周秦汉竹木简，汉魏以下石经，六朝以下写本书，宋元明初刻本书等均属此类。

（十五）著述稿本：——凡未刊之著述稿，已刊著述之原稿，印刷样本等均属此类。

（十六）实物的图像：——凡有记载性的图画，照片，金石拓本，留声片，影戏片，幻灯片，及模型等均属此类。

按顾君大计划对图书馆之搜集方面，是有莫大眼光与发明。目录学家往往称郑渔仲求书之道有八为千古卓识，而今时代变迁，其八道已嫌不具体矣。顾君之作，则合时而具体。且有轻而易举者，要知顾君为近代中国科学方法之古史家。故于史之方面确能包括无遗，其他如纯粹科学方面及运用科学方面之资料，则全未道及。

图书选择原理　　关于国民党党义党纲之书籍，小册，照片，遗墨，行迹等，应广为搜集。

（一）凡书籍之能使人奋发，之能引导人生，提高生活者应选。如文学，社会学，哲学书籍之类。

（二）应选择本地社会上最有兴趣之事业书籍，如江西景德镇之著名者为磁器。故此处应备论磁之书,湖南之伞,福建漆器,乌江之棉,徽墨宣纸,浏阳之夏布。皆以地方事业之兴趣为标准。

(三)选择社会上多数民众所要之书籍,不仅为一二人之利益计。选择民众用书宜以千字课为根据,以求合中国不识字情形。

(四)选择论本地方土志地图,及关于本地风俗习惯之书籍,以其有迫切之需要。

以上种种,非先就地调查不可。

(五)选择有永久价值之书,如《十三经》,《廿四史》《三国志》《诸子》等等。以其久经时代之淘汰,适者留存,且为多数专门家之研究,毫无疑义,应备之书。

(六)选书不能以个人之偏见,影响全局,譬如历史家专偏重历史。宗教家专偏重宗教。戏剧家专偏重戏剧。要在专门图书馆固以此为长,然在公共图书馆,实为大错。个人偏见与选书实有大碍。

(七)所选书籍范围宜广。各科彼此平均,不分轩轾。做有研究有计划之发展。顾及馆中已有应有而未有之书籍。不偏于文学书,而忽于美术自然。已往图书馆多偏重文学。参考百分表。

(八)应适合馆中经济状况,譬如宋版书,国立省立之馆或可购之,中学小学则万不可。

(九)凡适合读者之需要,之心理,与程度之书籍应选入。理由愈充足愈好。

(十)吾国儒释道书籍,须一视同仁,选各门中之精彩者备置。

(十一)凡社会上领袖学者之所要求,宁可牺牲一二普通读者而选之。以其能影响社会之大多数也。此条与第三条为辅佐性质,并非矛盾。盖此种专门家对地方较昔日之学究有益。

(十二)如不十分重要书籍,同市有一馆已有,可以互借法假得者,毋庸购置,免重复而节财源。

(十三)凡普通通俗言简而赅,文字清晰之学理书宜备。此类书极难著而出版者亦极少。

（十四）凡发展人之技能,促进人之思想发明,助吾人之游艺消遣之书籍应选。

（十五）凡书籍之文字优美,记载详确,思想纯正能引人入胜者应购。

选书之百分比较

	Dana 店挪（美）	Williams 威廉士（英）	李小缘
总类	四%	五%	六%
哲学	一%	三%	三%
宗教	二%	六%	三%
社会学	十%	七%	十二%
语言学	一%	三%	三%
科学	九%	十%	十二%
运用科学	六%	九%	九%
美术	四%	八%	六%
文学	十二%	二十五%	十五%
传记	九%		九%
历史	十三%	二十四%	十二%
游记	九%		十%
小说	二十		
	共一百%	共一百%	共一百%

此表类目根据杜威分类。本表只可按馆中现状,作为临时支配标准之参考,不可用为绝对标准。美人轻哲学而重小说,英人之选择较为均匀。余以为中国图书馆将来之趋势必重社会科学及自然科学。今日党化书籍即属社会科学类也。店挪威廉士二氏皆根据其国中之公立图书馆之调查而得,吾国图书馆尚无此种记录,故

无从调查,故仅就予理想中合中国国情者而作此。

按选书之百分比较表,其第一类为总类。总类包括各科之普通类书,辞典,字典,普通杂志,丛书等等。十三经为中国文化之总泉源,应列为参考。夫十三经皆群经,群经者丛书之一种也。他如图书馆学书,目录学书皆属此类。是类书籍总揽各种知识,各种学问,极为普通。多属参考之书籍。故应由图书馆参考部主任及馆长随时注意添置,是类书籍为人人必须之参考。大小问题发生,可以立求解答,与自首至尾,可读之书不同。此类书籍,为用最广,部头最大价值亦最昂,故选择不可不慎。

参考书之标准

(一)该书之范围若何? 目的若何?为何类人用?(甲)系研究一独立专门问题,或一问题之各方面,抑每问题之一部分。(乙)历史的或近代的。(丙)列举事实或详论学理。(丁)是书为编纂性质抑独出心裁之作。(戊)简略抑详细。(己)选择与否?能将以上各项问题答复庶可以知书之部分性质。

(二)著者声望。(甲)著者资格。(乙)著者之教育。(丙)著者之专门经验。(丁)著者所用之参考材料确否为头等真实来源 First hand original sources 并非无根谬论。(戊)著者能否彻底了解该问题之全体或仅一知半解。(己)每篇每章后有无著者署名,以示专责。

(三)材料之布置。(甲)著者用何方法讨论此题,有何步骤。(乙)重具体事实或重抽象理论。(丙)为专门学者之论抑为半专门而为通俗之作。(丁)课本抑通俗读物?此层与书之用途最有密切关系。

(四)出版地与出版者。出版者各有专门。如 Wiley 专门发行科学书。Lippincott 专门农学书。Ginn 专门各科课本书。Macmillan 专门政治经济书。各书专长,各出版者之名各有意义。认识各书店之专长亦识别图书之一法也。

（五）索引。所谓参考书者必皆可随时于最短时间可解决极难问题。如此则非有良好之索引不可。有参考书本身即一索引，则更便利，然今日中文书之索引问题尚未解决。且中国书向不重索引，故为用极难。

（六）版次之先后。参考书以最后者为最有价值，以其载新消息也。至于逐次套版而不更正者只可谓之翻印，不得谓之重修，或再版。亦有旧作之有价值，改订后反无价值者。决购时不可不加以审查也。

选择关于理论之书籍

此类书籍，选择之目的在供普通常识之读物。

哲学，教育，社会科学，等属此。故其可订标准如下：

（一）著者之创造力若何？

（二）是否文字于无形中，能表现著者之人格。

（三）著者对其所著之目的，是否有诚意？

（四）著者思想之概念，及其文词，有创造力否？思想纯正否？

（五）著作属于理智抑偏于情感乎？

（六）所论各方面为人之兴趣，或文字之欣赏。

（七）文字体裁与思想相背抑助思想之发挥。

（八）体裁与思想合否？

（九）思想，文字，皆美丽灿煌否？

（十）有无生气，抑暮气沉沉？

选择关于消遣游戏之书

此类书籍，选择之目的在供给读者之消遣，或游戏，非以学识为目的。小说，诗词，戏剧，传记皆属此类。只要文字平易雅致，思想纯正，适合环境之需要，皆在可选之列。

小说之选择：书籍之最难选者，莫如小说，以其需要大，而种类多。种类多而未必种种皆在可要之范围之内，而又未必皆有价值。

予以为各类书籍各有其特点非可一概而泛论之也。即如以下数点。

（一）时间性，（二）艺术化，（三）书籍附带品。兹分论于下：

（一）书籍之时间性　古今中外书籍有传之久远者如十三经，百子，西洋圣经等。经数千年之经验思想，解说之，研究之。而能超脱一切时间者。是非有绝对之价值，亘古不灭，不能保存而至今日。是类书籍，无所谓新旧，皆能受各时代读者之欢迎。有盛传一时而无形消灭者。如无味之小说；思想既无甚价值，文章亦无可取，有若昙花之一现，或则朝出版而暮已过时，有若蜉蝣之朝生暮死，仅为极短期之表现。如趋时通行小说。Best book seller 亦有在本代无人能了解其意义与价值者；日久而方为人所领略，而发觉其价值。

历史材料不厌旧。历史书则非由古迹之新发见，则不能有价值。例如中国之古史应根据新发见之材料而为新古史不可。科学书则日新月异，非最新不可。盖最后最新者，方有最后之发明。然亦不尽然，化学物理之书趋新，而植物则趋古。举凡论书之新旧，以及版次与版本之先后，是为书之时代性。

专门科学及社会学书，材料之改变增多极大，故宜最新。文字学美术学改变较小，故不一定绝新。中文书愈旧愈佳，新式书愈新愈佳。其实好书不必新旧。新者未必皆好。而旧者又未必无好书，新旧之偏见，选书时不应有也。要在选择者之善于决择耳。

（二）艺术化　书籍之印刷，纸张，装订，图表无一非好书籍之所要求，无一非艺术。印刷字不宜太小，太小则易伤目。校对精细排工整齐，重要标题醒目，图表井然，编纂得宜。此好印刷之所要求者也。纸张或薄而白，或粗而棉，或细而洁。参考书之纸宜厚，可以赖久。装订以耐久不松，易于展开为要。图表宜大小与书等，不宜太大，大则容易撕破或装订时易被刀切。安置适当便易明白书之原意。着色与否？各种艺术皆以适用耐久为最要。

（三）附带物　如书目或引用书目，或附大地图或附小册，

110

或另附索引皆应先为审查。

选书之经验　地方图书馆,应注意本地地方志地图,地方名人著述,地方重要历史,指南,历史遗迹。地方人民之活动,社会道德之标准。在普通流通之公共图书馆中,不应有宋元明本书之位置,万一由赠送而来,收留一二版本以为参考,极所欢迎。然切不可以有条件接收,又绝不应为善本,精本而耗巨资也。购书不可徒以积极之好而不购,反以消极之不坏而购之。实施时应免除馆中一二及管理员之嗜好而采之。千万勿因时尚而购置《黑幕大观》《十三朝演义》一类书籍。不可贪小便宜而预约无价值书籍。平日留心各机关所出之有用书报,以小费即可得之。往往是项书籍与图书发展,最为有益。平日注意杂志与报纸。然莫因不花钱之物而无所不收,要知馆中空间亦有价值。自家注意新出版物,能先见书最好,若不能见书,能读得书评亦好。若书评亦不可得,询之专门之家,而后可以决疑。不可专凭著作人之名望与书名之重听而受惑,盖有名之著作人不必凡其所著之书,皆杰作也。专凭书名而选择,固不可靠,专凭著作人之威权而选择,亦非善法。拙而平稳者,惟有将所选之书寓目,或审察查子目,或读其内容,或研究他人之所评论,然非所出版之书皆有评也。评论家往往选最值得评者而评之。未经评过之书必系平庸无道著作。

选书者之资格　选书者应谙文字史,文学评论,西洋各国文字,与文学史,并有文化史之训练知各书在文化上之位置。实施时知读者之需要,与本馆之已有收藏,及经济能力。本土之风俗人情。更且钟情书籍,好读书,有科学方法。精研目录之学,力求应用。有问题则虚心下问,求专门家之指导。

何人负选书责任　负选书责任一事各处不同,有由图书馆委员负责提名并取决,或由图书馆提出交委员会通过。若委员会人少而多好学之士,且知本地情形者。或由读者提名交委员会征求意见,但由图书馆馆长取决。盖馆长自知馆中情形,何者已有,何者需要最多，何者毫无价值，何者流通最多。对各书名应有应用书目及各书之内容，能力，使能一目了然。若由不十分理会馆事之委员选择，不免隔阂。或由图书馆中之选书部初选，由馆长审定以为最后表决。

选书手续　图书馆往设木箱征求读者提名新书。此可知读者之要求，然读者并不定知本馆已有此类书，而读者所提并不一定为绝对好书。读者提出之书名，应请其写明介绍理由。如读者系专门家或可以为根据，然往往又太偏于专。故所征求得来之书名，只可用为暗示，或一种参考，不必完全遵循。馆中之流通部参考部，其他各部主任皆可就其所缺，将书名提出。选书部每周必读出版界，书报评论杂志，旧书铺目录。

既而填写配书单，将配书单汇集后，第一步即查图书馆已有此书否？第二步看有无需要。第三步将书之版本年代，出版处，出版者，卷数，价目，按配书单格式完全查出。第四步查书评，书评之论断或赞成或反对。赞成以正号＋为记，反对以负号－为记。第五步交馆长招集选书委员会，或按经济情形，自行酌量解决。是为选书机械手续。

何者当购何者宜从缓　所选定之书，不必皆所购之书也，更必有最后之解决。馆长决择之时，可分以下五种。（一）立刻即购。（二）候馆中各部长会议时解决。（三）延期。有人来索即购。（四）考虑后再购。同时可征求读书意见，可参考各家书评。（五）毫无价值绝对不购。将第一类办到，其他可延期之书，可分别在旧书铺购。或候人赠予，或候廉价或以候大折扣日期购办。

书籍因时代久远而绝版，西文称为 Out of print 或 O. P. O 翻版则为 Reprint，或 Impressiono

书评与图书馆管理员之价值　书评各有不同。有书评家所著之书评，仅偏重文字之优美；思想平庸肤浅，非所顾及。有出版者所作之广告书评，言大自夸，无见解学识，不准确套用成语，故最为危险。有读者所著之书评,要在读者之程度,方可定其书评价值之高低。专门学学者之书评,则关于其专门学识,知之较详。故可望其以学术眼光,冷静头脑,批评精神,加以公平判断。是种专门家评,极有价值,此类书评,吾国尚不可多得。亦有由图书馆专家自撰书评,事事求实,语焉纂详,偏于形容书之内容,于选择书时此种评论,为用极多。然非所有新书皆有书评,故必等候。小图书馆经济不宽,尤宜等候书评之意见而所选以为评之书,多为标准重要著作。图书馆中办事人员假使无可靠书评为之参考,则相形见绌而无标准。言至此,然则何种书评究为可靠。

何谓好书评。好书评乃无偏见形容或解释书之内容,并根据著者自认之宗旨,或其出发点,批评其范围,见解,限制与特点及书表面,制造。所谓批评者乃设身处地了解著作人之优劣,破坏与建设双方兼顾,不仅出之于一味破坏批评。评中更不必论著者之人格。是以评者之学识,详细分析求了解著者之言论,态度,与学识也。并使其他读者可了解原书之大意。无奈中国近来所出之书评,每以攻击个人辱骂个人为能事,所谓藉题发挥。对学术思想,毫无半点建树。中国杂志报纸近颇注意于此者,有一般清华学报书报春秋等等。西文有 Book man, Dail, nation, Athenaevn Spectator, Atlantic monthly, Boston Transcript, (Imd) Independent, North American Review, Yale Review,等等杂志。又有将各杂志之书评,汇齐而为书评索引者,是为 Book review disest,可知某书有某某各种不同评论,是实用目录一大进步也。我国出版界既缺公平正大之好书评,又无专载书评之杂志。书评索引,更不知何时可以实现。西文中有书评提要 Book Review Digest 每年十二期最后一期与前期汇集一次,以减少查阅手续。凡一书有数评者择评之精要录之。书明录自何杂志,何卷何期何页至何页优劣以正负号表明之。年一厚册,可为选择新书之比较根据。

图书审查 社会往往因宗教或道德或政治关系。书籍由政府教育机关加以审查。小说书与性书之类向所谓邪说淫词,非加审查不可。小范围谓之审查。谨考究书之详确,与其与社会道德之标准,大范围而以法律限制者为书禁。秦之火,清之文字狱。皆其例也。中外古今,一时代之更递,对图书必有一度之审查与鉴定。文献之不足征,此其最大之原因也。政治社会制度变更愈大,其书禁必严,书禁严而文献之丧失必多。大图书馆应有国家法律之保障,各方面材料,具可收集,用公平正大眼光处之。此种馆长必有深远之学识。而无偏谬之私见。此种图书馆之馆长,应有收集之责,无取缔之权。小图书馆则必依从法律。法律欲取缔之则馆长惟命是听。以其与民众接近,须遵守法律。凡有欲用专门书籍参考者,则可至国立图书馆。总之,图书馆事业为独立不倚之学术事业。学术无界限无偏见,故选择图书亦当以无偏见为是。而图书馆馆长,责在供给双方对峙或独立无偏之材料。此所以维持图书馆职业之纯粹及其独立之道也。至于课本之审查、书店方面重在获利,以重资贿审查者而得善评,致能畅销。是书籍审查之弊,非审查图书之原意也。优美公正书评,乃学术上之良好图书审查法也。

选择书籍之根据　图书馆之选择书籍为极难之工作。学识经验,缺一不可。学识经验而外,尤须知以下之重要工具。

(甲)中文方面　选择中文书,固非先研究国学概论及中国文化史,中国文学史,及中国哲学史不可。此外尤应据以下之目录,以为扩张之步骤。

(一)梁任公胡适　《国学入门书目》为中学图书馆及小范围图书馆之根据。如其扩大可用李笠之目。惟胡偏于哲,梁较平允,然尚嫌不足。

(二)李笠　《三订国学用书撰要》(朴社出版)此目较多。然又未必为精选。鲁迅《中国小说史略》北新,又《小说旧闻抄》北新。蒋瑞藻《小说考证》商务,可为选择小说之参考。

（三）张之洞 《书目答问》（扫叶山房本）易得，此为南皮与学生论学而答学生之作。书分经史子集丛，此可用为第三步发展之根据。

（四）纪昀等 《四库全书总目提要》

此可用为更进之参考，提要最为有用。然四库未收之作，当查阮元《研经室集》。

（五）邵位西 《四库简明目录标注》此书可补四库之不足。可查每书现存之各种版本。

（六）莫友芝 《邵亭知见传本书目》此为大图书馆扩张图书必备之根据。此目为子偲所知所见之传本。每书名下详注各种版本。

以上种种书目，可为图书馆逐渐发展之步骤，有俾实用者。至于天一阁，海源阁，传是楼，《善本书室藏书志》，《皕宋楼藏书志》，《爱日精庐书目》种种，或书亡目存，或书已流至东洋，及其他图书馆，仅可为版本比较研究之参考，或考订，皆无实用之价值，图书馆应先备有实用者，无实用者后备可也。

（乙）西文方面

先举最普通者如下：

（1）A. L. A. catalog, 1904. ed. by Melvil Dewey. wash, Govt printing office, 1904。此为创纂，起自旧时书籍至 1904 止。共录 8000 册精彩有价值之作，可为公立图书馆之选书之准则。法以编者杜威氏之分类排列，后附一索引亦分类编目之一最好举例。A. L. A. catalog, 1904 – 1911 ed. by E. L. Bascom. 芝加哥，美国图书馆协会出版。此为续编，为用与正编同，共采三千册。二续编起 1912 至 1921 年共采四千册。三续编起自 1921 至 1926 年共采一万册。此目非独可为书籍选择之根据，且可查分类，标题，与国会图书馆之卡片号码。

以上目录必数年方可一见，近时每月每年出版，则仍无根据，不免迟缓。乃有 A. L. A. Booklist, 1905 – 1927 卷一至二十余卷。月出一册,五年出一总标题索引。为用至便。

（2）与 A,L,A, Booklist 同样者为纽约州立图书馆所编之 Best book lists 每年一册。以分类排列,每书名下有一短文介绍,可见选择理由。是编专为纽约州立之各小图书馆之用。

（3）书评中所论之书评提要,择录各家书评。(Book reveiw digest)

（4）英国方面最著名者有 Wm. S. Sonnenschein：Best Books. 已出三册,自 1910 – 1924 共分四部。凡收书都十万册。皆科学,美术,文学之重要著作。分类排比 Sonnenschein 为书业专家而兼学者,故其所收与众不同。

此故举一二例以明选书重要工具之为用,然并不能代表选书目录也。

每一新书出版必载出版者之书目,或登载于零星广告,或杂志中之书评。零星广告消息不尽可靠。杂志书评,查读为劳。用出版者之书目,仅能见及每家每科之书而已。至于欲知每科书籍,有何书名,出自何出版者,则不得而知。势必搜集各出版者之书目,其拙笨可知。

（5）美国 Wilson 公司,所编之 cumulative book Index 与 United states catalog,则可答复此问题。cumulative 者汇集之谓也。月出一册,一年九册或十册,最后之册,必汇集前月各册之书名。查者每本应查一次者,汇集后只须查一次。而后年集一册,三年或三年半再汇集成一大册,用者由查 10 次 × 51/2 年 = 53 次之劳减至一次。是为此书目之第一特点。书少时为汇集本。

三年半后则为美国出版之书目。自 1912 年起今已出至五巨册矣。

第二特点为字典式之排列　此书中书名之登入有三,即著者名,书名,标题名,三者同时用二十六字母排列,如一字典,故名字

116

典式之排列。换言之,即每一书名可自三四处寻出。考中国旧式目录必用分类排列,若不知书之类从,则不能用其书目。然无论分类如何优良,断不能立即查出。字典式之排列则不同,知著者姓氏即可查其所著之书,或知其所著之书而忘著者姓名,或只知学科而不知著者姓氏,又不知书名,种种疑难问题,在旧种目录非先熟悉分类不可。而此目只须三者知其一端即可探求其他二端,其应用之灵,非旧式目录所及。

第三特点为每书名之登记完全消息　每一书名必有以下之消息:

著作姓名,生卒年,书名,版次,出版地,出版者,出版年,页数,若有一本以上则记卷数,书中图表,小照,大小,属何丛书,价目。美国国会图书馆编目卡片号码,以便订者之检查。此种消息为最详,与选购者最有用。最后有 Directory of publishers,记出版者之地址。

是目今已由学术地位而降至商业地位,是此目之善,其所以能继续贡献于世者,即以其不受经济之影响。其缺点即在由商业之地位而为机械化也。

(6)在英则有 English catalogue of books 每年出一册,自 1835 – 1927,内容仅载著者姓名与书名之排列。总目有十余巨册自 1801 – 1920 为伦敦 Law 氏书店出版,索引有四五册。登记例不一致,故为用不及美国书目便利。

(7)每年以各书店之书目,汇订成巨册。以书店之名,用字母排列,在美者是为 publishers trade list annual,在英者为 Reference catalog of current literature,年出一次,每次连索引三大册。此目非知某书在某书店出版,不能寻用。故各有索引,每书指明某店出版。

(8)每周出版之书,在英则有 publishers´ circular,在美则有 publishers Weekly,周内所出之书汇集一册。则学者尤为便利,可使新发明,新出版物,能早令读者知之。

至于零星新出之书有 public Affair Information Service,每月出版一次,故消息之传播,实利赖之,小册,新书等等,皆可查出。故学者喜用之,而为图书馆不可缺少之参考。

今故举数例,德法之各种目录犹未及介绍。在目录学课程中,应较为详尽。此姑从略。

吾国出版界至今无目录统一之机关,新书出版,无从得知。除广告外,新书名目,不能集中一处,按期宣布。广告固为一法,然并非最好之法。盖以广告求售者不外二种书籍,其一为新文学,其二为普通坊本书。可靠者仅小部分,如北新,开明,新月,商务,中华;其不可靠者,如大东,泰东,世界,其他小书坊。重要著作,新修地志书,及其他有价值之印刷,皆例无广告,无处可寻其目。各家本坊印书有目,代印者,私人自印者,机关印者,无从调查。诚中国目录界与书业界之一大缺陷。其他各国莫不有目录集中之处,每周有每周出版之报告,每月有每月出版之报告,每年有每年之出版目录,前已论之矣。吾国目录学界,向以研求目录中之道统观念,最高者仅以考古为能事,不事实用,新出之书,学者间或自知,不愿让他人知悉,恐过己也。学者自私,是为学术不进步之一大障碍。补救之法,在图书馆界。今果能由书业界与图书馆,双方合作。书业界将各书铺之目书,汇齐一处,年出一次,一方由书业公会将新版之书送交中华图书馆协会,由协会负责编印成目,按期出版。第三方法由各书铺履行出版权法,将新出之书送交大学院。

在书铺所出之书与私出版者可以享版权之利益,在大学院一则多增入新书,一则可按期印成新目,年出一大册,五年汇集一次,成为巨帙。是大学院对国内学术界之责也。是或为解决中国目录学上问题之一大方法也,亦即加增图书馆选书之工具,并解决图书馆无头绪之选书问题也。

参考书

祁承爜(明)《澹生堂藏书约》 　　　　四卷

  1 读书训

  2 聚书训

  3 藏书训略[1]购书[2]鉴书 　　　　知不足斋丛书本

  　　　　　　　　　　　　　　　藕香零十本第一种

孙庆增:藏书纪要 　　　　　　一卷 　　　绍兴先正遗书本

  1 购求

  2 鉴别

  3 钞录

  4 校雠

  5 装订

  6 编目

  7 收藏

  8 曝书

  　　见《藕香零十》第一册第二种　《潘刻五种本》　《昭代丛书本》
《书目三种》本　《士礼居丛书》本　　《清裨类钞》本　　《述古丛书》
本　《榆园丛刻》本

杜定友:图书选择法　上海商务　民十五年　46 页

洪有丰:图书馆组织与管理　上海商务　民十五年　第九章选择　第十章鉴别

马宗荣:现代图书馆事务论[一]　学艺:8:4 共21 页　民十六年一月十五日

马宗荣:现代图书馆事务论[二]　学艺:8:5 共30 页　民十六年二月十五日

杨昭悊:图书馆学　上海商务　民十二年　第五篇第一章

顾颉刚:购求中国图书计划书　广州国立中山大学图书馆研究会出版　1927
  39 页

国立中山大学图书馆丛书第二种

119

第十章　图书鉴别论

于大规模之图书馆中，经济充裕，中外书籍，可不分新旧，尽量罗致。惟于中材及小规模之图书馆，关于新书之选择，已详论前章，关于旧籍之搜集，殊非易易。固不可无客观之准则，以为鉴别之助。明山阴祁承㸑于其所著《澹生堂藏书约》中《藏书训略》，论之甚详。《藏书训略》分二段，一段论购书，二段论鉴书。孙从添于《藏书纪要》中第一则论购求，第二则论鉴别，祁孙二氏论之精详，无能出其右者。祁氏之言曰："夫藏书之要在识鉴，而识鉴所用者在审轻重，辨真伪，核名实，权缓急，而别品类，如此而已。"别品类者言分类也，后分数章论之。

（一）审轻重：有用之书，与古版书，则价值较重，无用之书，与近代著述则价低易致。

旧学重经，故先必备求十三经，二十四史，九通百子之书；类书，字典，辞书，年鉴，索引，书目之书为主要参考之书，各种学术皆赖以而进行。次则以丛书为重，盖丛书，杂史小说，必厕数种，其所较刻多据善本，诸书不能得单行本者，丛书皆已刻之，是丛书又为四部之总汇，而不可不先购矣。丛书之目录要以《丛书汇编》为要。集部当重大家与汇刻之书。汇刻之书如《汉魏百三名家》，《粤十三家》，《南宋名人小集》，《江湖小集》，《成明百家》等。别集尤重总集，盖以其汇集诸家。心得之学重于空谈之书，上自王应麟之《困学纪闻》，下而至顾亭林《日知录》，皆心得之著，近代之书当以自然科学与社会科学为最重要,盖二者为中国之自然趋势,社会潮流所使然。地方通俗图书馆中,当以本地乡土志为重,更且以通俗图画书照片等为要。

(二)辨真伪:辨真伪可为二解。一解谓原书本伪,为著作本身之伪,一解谓版本之伪,因书贾舞弊作伪。

(a)著作本身之伪,祁氏举以下二十一种:

1　有伪作于前代而世率知之者,风后之《握奇》,岐伯之《素问》是也。

2　有伪作于近代而世反惑之者,卜商之《易传》,毛渐之《连山》是也。

3　有掇古人之事而伪者,仲尼倾盖而有《子华》,柱史出关而有《尹喜》是也。

4　有挟古人之文而伪者,伍员著书而有《越绝》贾谊《赋鹏》而有《鹖冠》是也,

5　有传古人之名而伪者,尹负鼎而《汤液》闻,戚饭牛而《相经》著是也

6　有蹈古书之名而伪者,《汲冢》发而《师春》补,《梼杌》纪而《楚史》传是也。

7　有惮于自名而伪者,魏泰《笔录》之类是也。

8　有耻于自名而伪者,和氏《香奁》之类是也。

9　有袭取于人而伪者,法盛《晋书》之类是也。

10　有假重于人而伪者,子瞻《杜解》之类是也。

11　有恶其人,伪以祸之者,僧孺《行纪》之类是也。

12　有恶其人,伪以诬之者,圣俞《碧云騢》之类是也。

13　有本非伪,人托之而伪者,《阴符》不言三皇而李荃称皇帝之类是也。

14　有书本伪,人补之而益伪者,《乾坤凿度》及诸纬书之类是也。

15　有伪而非伪者,《洞灵真经》,本王士元所补,而以伪《亢仓》;《西京杂记》,本葛雅川所传而以伪刘歆之类是。

16　有非伪而曰伪者,《文子》载于刘歆《七略》,历梁隋皆有其目,而黄东发以为徐灵府《抱朴》纪于勾漏本传,历唐宋皆志其书,而黄东发以为非葛雅川之类是也。

17　有非伪而实伪者,《化书》本谭峭所著,而宋齐邱窃而序传之。《庄注》本向秀所作,而郭子玄取而点定之类是也。

18　有当时知其伪,而后世弗传者,刘炫《鲁史》之类是也。

19　有当时纪其伪,而后人弗悟者,司马《潜虚》之类是也。

20　有本无撰人,后人因近似而伪托者,《山海》称大禹之类是也。

21　有本有撰人,后人因亡逸而伪题者,《正训》称陆机之类是也。

（见《澹生堂藏书约鉴书训》）

关于古代伪书之专著,前有姚际恒之《古今伪书考》,近则有康南海之《新学伪经考》,皆辨真伪之重要参考材料。

（b）书贾板本作伪。

真正宋刻,可验之于纸色,罗文,墨气,字画,行款,忌讳字,单边,末后卷数,不刻末行。真宋本,纸色苍润,罗文宽阔,墨气香淡,字画清楚到位,行款整齐。诚所谓古色古香,展卷便有惊人之处。每代之书,必有其代帝王之避讳字,版匡之边皆单线,末后载明每卷终,惟正文后,必留空行。亦有卷不另起者。若宋纸而非宋字,宋跋宋款,而非宋纸,即系伪本。或字样,纸色,墨气,无一不真,而图章不是宋镌,印色不旧,割补凑成,新旧相错,终非善本。往往书估知此种情形,故意伪造,以惑购者。或模仿宋刻,或将刻版中残缺一二要处,或泾霉三五张,破碎重补,或改刻开卷一二序文年号,

122

或贴过今人注刻名氏,留空另刻小印,将宋人姓氏扣填。两头角处,或用砂石磨去一角。或作一二缺痕,以灯火燎去纸毛,仍用草烟熏黄,俨状古人伤残旧迹。或置蛀米柜中,令虫蚀作透漏蛀孔,或以铁线烧红锤书本子,委曲成眼,一二转折,种种与新不同。用纸装衬绫锦套壳,入手重实,光腻可观,初非今书,仿佛以惑售者。或札夥囤,令人先声,指为古文家某姓所遗,百计瞽人,莫可窥测,多混名家收藏者,当具真眼辩证。(见《燕间清赏笺》)又有将新翻宋刻本去其年月,染纸色,或将旧纸印本,伪作宋刻,或取消序传,或减少卷数,或划除版片原有印记,或伪作印记等,弊不胜枚举。

(三)核名实:书籍有名同而实异,有实同而名异,必审查其著者,何代所著,何地刊成,甚或何人底本,何人收藏,后归何人。

一、有实同而名异者,如:

颜师古之《南部烟花》即《大业拾遗》。

李绰之《尚书谈录》即《尚书故实》。

刘珂之《帝王历歌》即《帝王镜略》。

二、有名亡而实存者,如:

蔡蕃节《太平广记》之事而为《鹿革事类》30 卷,《广记》在《鹿革事类》即湮轶可也。

司马温公之《资治通鉴》,先具丛目,次修长编,《通鉴》行,丛目长编废可也。

三、得一书而可概见其余者:

汉人之谈经在训诂,读《注疏》而汉之《释经》可概也。

晋人之词旨尚隐约,阅《世说》而晋之谈论可想也。

四、得其所散见而即可凑合其全文者:

如《北梦琐言》,《酉阳杂俎》之类,今刊本虽盛行矣,然悉括《太平广记》之所载,更有溢其全帙之外者。

五、本为一书,故析其名,以示博者:

如陶弘景之《真诰》,而析以《协昌》,《期甄》,《授命》之名;冯

贽之《云化》,《散录》而托以《诡秘》之目。(节录《澹生堂藏书约·鉴书训》)

(四)权缓急:书有轻重,用有缓急,重者急,轻者缓。事有先后,物有本末。论四库则经史为急,子集为轻。《十三经》《廿四史》皆宜从急也。他如百子,九通,字典,类书,丛书,当视经济状况以为衡。

(五)别版本:书籍版本之愈近古者,伪字谬误之处愈少,故愈可靠。古人尊重宋刻,以其不轻涂抹。后世庸流俗子,不知爱惜书籍,妄自动笔删改,有始无终,随意圈点,故本无错误者,因随意删削,错误顿增,而真本愈过愈少,而真亦因以日减矣。此宋版之所以可贵也。宋版书纸质匀洁,墨色清纯,肥瘦有则。秀正古劲,阅之可爱。元版书较粗,版工常有托字,然今亦罕见。旧藏书家之以百宋千元自夸者,今已不多闻矣。即明版亦日少,诚所谓书籍与代日增而亦与代日亡也。即今距清甚近,而殿本书且不易求,况明刻,元刻,宋刻乎?宋元明版者是以时代区别版本之重要也。其他版本分论如下:

(甲)官家本(Government Printing)有监本,经厂本,公库本,郡庠本,殿本,藩府本等等。

一,监本(Printed by the Ministry of education) 监本始于宋终于五代,乃国子监所印行之书籍,按国子监为宋代之教育部,监本者乃当时教育部所印行之本也。(王国维曾著《五代监本考》,见《国学季刊》一卷二期,惜《宋代监本考》尚未印出。至于南国子监板与北国子监板之同异,可参考《蛾术编》说录卷二。)

二,经厂本 为明代阐扬经学之印刷处也。此种版本乃继续宋之监本之又一名称也。

三,分库本 为两浙东路提举茶盐司公使库下,宋抚州公库本,又名杭本。有抚州《礼记郑注考异》,又有台州公库本《颜氏家训》七卷。

124

四,郡庠本　与地方书局本同。所谓江宁,苏州,扬州,杭州,武昌书局是也。版心中注明,瑞州路刻本。路学者,瑞州儒学也,浮学者,浮梁县学也,饶学者饶州学也,乐平学者,乐平州学也。宋福州学刊《西山读书记》字迹清郎,兼欧颜体。盖皆府学县学所出之本也。

局本:南北行省之有官书局者,凡十处。在江宁者曰江南官书局,以重刻《汲古阁诸史》及《文选》等著名,扬州之淮南书局,楚南书局,今亦并入。现隶属于中央大学国学图书馆。在苏州者曰江苏,以胡刻《资治通鉴》及黎刻《古逸丛书》为最佳,在杭州者曰浙江,以《御纂八经》《九通》《朱子鉴目》《玉海》等为佳,今归浙江省立第一图书馆。在武昌者曰崇文,今称为湖北书局刻书最多,价亦最廉,寄售书亦多。在长沙者曰思贤。辛亥革命被毁,迄未恢复。在南昌者曰江西,以《十三经注疏》《纪事本末》为佳。在广州者曰粤雅,所刻皆考证经史之小种,而《武英殿丛书》《全上古六朝文》皆佳。在福州者曰福建。在济南者曰皇华。其所出之书皆称为局本书。图书馆建设之初,应先合以上诸局,去其重复,采其精华。然今除浙江与南江局本外,余皆不易罗致矣。

五,殿本 Palace edition:殿本书多为清代康熙,乾隆年间之官家精印,多大字绵纸者,精美绝伦。以今日之版本视之,则相形见绌矣。

六,藩府本:乃晋唐越楚秦等藩台,署,府台,署所刻之本。此本极盛于明代。有晋藩府本《宋文鉴》,皆善本。

(二)以出版所在而得名之版本,有书院本,家塾本,榷场本,书棚本等。

一,书院本(University Press)乃书院中印刷局所印之书。宋有鹭州书院,象山书院,道一书院,稼轩书院,蓝山书院,泳泽书院。元有宗文书院,临汝书院,西湖书院,雪窗书院,菊山书院等。明有崇德书院等。近代江阴之南菁书院。好似今日之英国牛津大学印刷局,或美国芝加哥大学印书局等同。

二,家塾本(Private Printer)家塾本之起源,实自南宋相台岳氏,最著名之书为《春秋经集传解》,每卷后有木刻亚形相台岳氏刻梓字样。《十朝东华录》乾隆十一年(1746)谕阅宋版《古列女传》,书末有建安余氏刊于勤有堂字样,考宋岳珂相台家塾论书版之精者,称建安余仁仲。又他书所载明季余氏建板犹盛行。案余氏族谱先世自北宋迁建阳县之书林,即以刊书为业。彼时外省板少。余氏独于他处购选纸料,印记"勤有"二字。是以建安书籍盛行。次为宋蔡行父之家塾刊本,有新又新桂二印。马寒中以田十亩求易查氏所藏之蔡氏家塾本《陆状元通鉴》。亦可知其价值矣。其次则以古迂陈氏家塾本之《尹文子》。又次则以建安曾氏家塾本之《分门近思录》是为今日私人印书之滥觞。近代有长沙王先谦酒家本,观古堂叶德辉本,南浔嘉业堂刘氏本,兰陵积学斋徐乃昌本,上虞贻安堂罗叔堂本,乌程适园张石铭本,武进诵芬堂董授经本,等。

三,榷场本 始自宋孝宗时,板高不及七寸,有宋湖北提举茶盐司小字本汉书,半页十四行,行 26-29 字不等,夹注 33-35 字不等。颇能校勘汪士钟所藏《汉书》本之错误。浙江茶盐司本《通鉴》,每页 22 行,行 21 字。宝庆乙酉理宗 1225 广东漕司锓梓本之《集注杜诗》,亦榷场本也。此种书籍,好似今海关总务处所发行之书,或上海制造局所译述之书,多系前三十年之著作,今已无大用。

四,书棚本 南宋书棚本《江文通集》乃临安书铺所刻。《唐山人诗》,《女郎鱼元机诗》,《甲乙集》,《丁卯集》,《庆余集》,皆临安府大街睦亲坊南陈宅书籍铺印行。即所谓书棚本也。与今日之坊本,或普通书店本同。坊本书之劣点有三,一刊本不足,校对不审,三删改原文。

五,麻沙本 建宁府麻沙(属晋江之一邑)坊本,宋至元时雕板此处为甚。每卷后接卷不别起纸,宋本往往如此。南宋麻沙本《贾谊新书》后有"建宁府陈八郎书铺印行"一行。普通坊间印本,文字舛讹,犹可会意,麻沙本舛误实多,贻误后学甚矣。

六,蜀大字本　乃四川大字本也。论板本者,除杭州本外,当以属本为首屈一指矣。本皆大字疏行,纸墨精洁。

他如闽本湖北本,皆以其局本而名。叶长青所著《闽本考》附陈陶遗所纂之《福建通志》。

(丙)经藏本有梵夹本,道藏本

1. 梵夹本:唐显庆元年(656)元奘法师在大慈恩寺翻译西天所得梵本经论,敕令僧等时为看阅,有不稳当处,即随时润色之,是为梵夹本。其行款非长条即阔本。所谓梵夹本好似今日中西合璧或中西对照印度文对照本。

2. 道藏本:凡自道藏所抄录之本,皆道藏本。明白云霁《道藏目录详注》,详录各种道家之本。书藏北京白云观。今由商务影印百五十部,已分六期出全。原书多至5500册。商务取其最有资于学术者,共印成一百七十六种三百九十八册。原系巾折装,影印本改为线装。为徐世昌捐资印成。藏之内容依千字文排列至英字,万历三十五年1607加索引,扩充至缨字。分洞真,洞玄,洞神三大类,类下分十二小类。共有四大派集注,分为太清,太平,太玄,正一。原书计54,85册。

(丁)以内容而名之版本:

1. 百衲本　述古主人钱遵王《史记》因得宋本残缺不全,乃缀辑配补,成一完书,称百衲本。又一解释乃以千纸聚书,裁截成文,如《广川书跋》,蔡君谟钞得古人书法,其《书画锦堂记》每字作一纸,择其不失法度者,裁截布列连成碑形,当时谓之百衲本。汲古主人集大小各种宋刻史记一部,名曰百合锦,亦百衲之一种。

2. 焦尾本　由火中救出之书,补配而成者为焦尾本。丽宋楼中张切庵所校之《道德真经指归》,是其一例。

3. 活字本 Movable type　木板书极呆笨,泥印又不精整,易破碎,庆历中 1041 - 1048 布衣毕升始发明活字版。(见沈括《梦溪笔谈》)明无锡人以活字印《太平御览》。又影写兰雪堂活字本《蔡中郎文集》,每页版心有"兰雪堂"三字。清则有武英殿聚珍版,乃清之活字版也。

4. 精校本　凡书为读书家取善本精细校雠,著其谬误,以青,黄,朱,墨等色笔识别之,是为校本。何义门,卢抱经,惠松崖,等家之精校本,极为著名。校勘记一类之书,由此而兴。

5. 钞本　凡出于名人手笔,用绵纸硃砂格墨格精钞者,为手钞本。真宋人钞本极少,字画墨气古雅,纸色罗纹,悉仿旧式,方为真本。吴门朱性甫,钱叔宝子尤治手钞本极富,惟后归钱牧斋。宋元钞本用册式而非汉唐卷轴。宋元明人遗迹则云宋钞,元钞,明钞本。其不可考知者则为旧钞本,校过者则为校钞本。世无刊本,而钞本亦罕见者曰秘本。行间字画悉遵宋元本,摄影追神,如同刊本,是为影钞本。

6. 孤本:凡宋元善本书,全部散失,仅遗一二册者,是为孤本。书虽不全然自版本观之仍有价值。

7. 残本:凡各种版本残缺不全者为残本。足本之相对名词。残本者缺叶或缺数卷,缺多仅剩少数者为孤本。至于由编者删繁就简择要而裁短之书,则为节本,如《阳明节本》。

8. 密行小字本 Small type edition 谓行密字细之本也。宋婺草本《五经正义》,行密字展。每页四十行,行二十七字。

9. 五色本 Coloured Illustrated books 宋五彩画本,《本草内经》集天下名工著色画成。或五人用五色笔评点诗文集,如庐坤所藏之《杜工部集》。是书刻于道光甲午(十四年 - 1834)王弇州紫笔,王遵严蓝笔,王阮亭朱墨笔,宋牧仲黄笔,邵子湘绿笔。(闻江苏大学图书馆有此书。)御评以丹色或黄色为识。

(戊)以外形而名之版本

128

1.唐卷子本:是为唐人手卷。燉煌遗室所发见多六朝及唐代遗书。虽皆零落不全,然亦为考古学者有益考证之资料。

2.黑口本　皕宋楼有元泰定《韩鲁齐三家诗考》本,每叶二十行,行22字,大黑口。又《六书统溯原》,《六书正讹》,均小黑口本。小黑口者即上鱼尾之上,下鱼尾之下细黑线也。版心鱼尾全黑。

3.巾箱本:乃宋时小本书也。有《万宝诗山》38卷,每卷首题云"书林叶氏广勤堂新刊。"首有田耕堂藏印一明代汲古阁有珍藏秘本,有巾箱本,小宋版《东莱书说》。近有巾箱本之《古香斋丛书》。

(己)图绘本

1.纂图互著本(Illustrated book)乃活字本,刻画工整,纸墨精良,重言重意,经部,子部,书用此法印成者不少。

(庚)外国本

1.支那本:乃日本所印之中国书。

2.足利本:乃日本足利幕府时代所印之中国书。依足利活字刷印者,与宋本略同。

3.高丽本:乃所印之中国书也。

(辛)杂本

1.书帕本　目知录引《金台纪闻》曰:"元时州县,皆有学田,所入谓之学租。以供师生廩饩,余则刻书。工大者合数处为之,故雠校刻颇有精者。洪武初悉收上国学——今学既无用,不复刻书,而有司间或刻之,然只以供馈贶之用。其不工者反出坊本下,工者不数见也。昔时入觐之官,共馈遗一书一帕而已,谓之书帕。"自万历以后改用白金。

2.清汉合璧本:满文与汉文合璧之四书,是为清汉合璧本。

3.中西石印本:印书机以黄蜡石为之,印字以石,刷墨以机轴,铺以纸,石过轴转则字现,有字处墨着之,无字处墨不著,石平无凸凹。此种版本，兴于欧美，光绪中叶，海上书棚，寖仿行之。不数年间，其风弥甚。大部之书，翻印几尽。其价较诸木版书，廉至倍蓰。所不足者，缩印过小，易损目力。抄写不精，雠校未勤，令人沿讹。然影刻本尚无大谬，书之非为当日场屋扩带用者，字迹明朗，亦颇悦目。如同文，蜚英，脉望，点石，所印之《十三经注疏》，《二十四史》，《佩文韵府》，《骈字类编》，《士礼居丛书》，《图书集成》等，皆精。可以廉价获得，甚为便利。

他如足本(full text)节本(Brief course)是以书之内容分别之也。

版本与书籍价值之关系：

版本之名目繁多，今仅就《藏书绝句》分类而举其要者耳。其实书籍版本之鉴别与其售价，颇有关系。同一书也，因其版次及时代之先后而异其价。同一书也，因其纸张印刷之不同而异其价，《四部丛刊》其例也。同一书也，因其装订之精美而异其价。同一书也，因其流传之多寡而异其价，宋版之所以贵者，时代久，而流传寡也。木版之书，较铅版为昂。厚书较薄书为昂。内容丰富之书，较内容浅劣之书为昂。代售处较出版处索价为昂。需要最大，极合时代心理之书必较高深研究之书为廉，盖其印行多故能售价廉也。高深之书虽商务中华往往不愿接收，盖其销路狭窄，而不利市也。精校之书较通常书为昂。有图画之书较无图画之书为昂。科学书，版愈新价愈昂。

西文有所谓 Limited edition，有限本者，乃有定数之书或二百册，或三百，或五百不等，而每部皆注部数。精本或 Deluxe edition，或为美术精印，精装本。为普通学生之用，贱价易致者是为普通本或 Cheap edition，如 Home University library. Everymans. library, Grosset and Dunlap edition, and Modern library，皆文学精选之著作，可以单行本得之，极切实用。

凡此种种版本，今皆不易求得，即可求得必易以重价。盖年久湮没,几经兵火,遗传日少。而寻行数量,近于玩物丧志,非读书者之所急。自学术研究之图书馆观之,古版便于雠校,是为一二专门图书馆之事业,自图书馆方面观之,不必皆有此需要并不必有此能力。偶有一二以为版本之举例足矣,然未必能有实用也。自国家文化观之,应有集资雄厚之国立图书馆出而负搜集保存之责,否则行见书贾捆载而流东洋,而辗转欧游矣。惜乎今之号称文化保存者犹懵懵之未醒也。继闿宋者,艺风堂,海源阁,群碧楼,其是乎?惜哉? 铁琴铜剑固犹皎皎也。

参考书

叶德辉： 书林清话 四册
叶昌炽： 藏书纪事诗 八册
孙毓修： 雕板源流考 商务 文艺丛刊本
王国维： 简牍检署考 一卷 云窗丛刻本
沈 括： 梦溪笔谈
王 桢： 农书
T. F. Carter：The invention of Printing in China.

第十一章　图书购置法

购置部之范围　图书馆购置之范围,包括添配图书,设备与图书文具。仅谓之为图书购置部,则范围仅限于购获书籍。故购置部之范围较广。三者之中,以购书为主要职务。兹循次论之。

本书关于图书文具另有《文具章》,图书馆之设备另有《设备章》。此章仅论图书馆购置图书之责。

购置部之组织　小馆只主任一人或馆长自兼之。大馆中当有购置部主任一人与馆长有极要之关系(一)审查与规定购置预算,凡书籍,图书,文具,临时设备杂用等皆包括在内(二)规定各部分书籍应得用款若干。小馆中不分彼此。大学馆中当以学科分配书款。由校长得各科长或及图书馆主任或系主任之认可。法以每十元为单位。有得一单位者,有得十单位者,有得十五单位或四五单位者不等。新开之系或学生最多之系应多得单位。(三)规定各类书籍应如何可以使其平均发展。凡此三者皆卓卓重要之责任与馆中主要行政政策有关,在公立图书馆,已为重要,在大学图书馆,偶一不慎,即酿成图书馆与科长或系主任之恶感。要在馆长与主任之如何维持耳。

购置部主任之责　本主任之责,首在部中通信(一)与学术机关,(二)图书馆,(三)书店,(四)私人藏书。盖通信乃一切事务进行之必要枢纽。或联络情感,或询问古籍,或探讨私人印书。或购买新书,或交换重本,或酬答申谢。(二)无论新旧书皆须主任决定向何书店购买。旧书尤需决定。(三)审查图书,是否所订书籍乃按类之百分标准及科长系主任所认可之办法。(四)鉴别图籍之真伪。(五)检阅旧书店书目,是否有需要之书,或文学上标准书籍。(六)留心此部各事有无机迟,或委顿不经济不合办事原理之事,督促各部员互相合作,互相在馆事上联络。

会计股　会计股之设立,视图书馆之大小而定。最大者当有独立之会计处。馆中一切账目薪水文具设备书籍各项发票,零用悉由此处付出。中等之馆亦应立一会计员,专司银钱账目往来,方可知每月用款之位置。不致有过支之病。在学校图书馆中所有账目集中于司库或会计员。然馆内办事员亦应自备择录以便检查。小图书馆则购置付账,或由主任自兼,或由总务处负责皆可。会计处应保存一切发票以便稽核。每项账目付后应立即登记以免遗忘。无发票或检字之凭证概不发款。发票不经主任收到后考核无讹之署名不发钱。每订一书一物必登"悬账"Outstanding Order 免货到无款之弊。悬者货物未到假设必付之款也。有时所估太低。无论高低皆应有此种账目。一切账不许过支。每账必有凭证,或发票。

购书之用日金美金英金者应一律化为国币。

郑渔仲(樵)在《通志》《艺文志》中之《校雠略》论求书之道有八:

(1)即类以求(Subject)如求佛经书籍必向南京佛经刻书处求之。求西洋论中国书必向别发利(Kelly and Walsh)购办。

凡星历之书,求之灵台。乐律之道,求之太常,乐工灵台所无,然后访民间之知星历者。太常所无然后访民间之知音律者。眼目之方,多眼科家或有之,疽疡之方多外医家或有之。紫堂之书多亡,世有传紫堂之学者。九曜之书多亡,世有传九星之学者。列仙传之类,道藏可求,此之谓即类以求。

(2)旁类以求(Allied Subjects)如求图书馆学材料,必向办教

133

育机关购求,盖图书馆为教育事业之一种。其余可以类推,书铺亦然。

凡性命道德之书可以求之道家,小学文字之书,可以求之释氏,如《素履子》,《元真子》,《尹子》《鹖子》之类,道家皆有,如《仓颉》篇《龙龛手鉴》郭逐《音诀图字母》之类释氏皆有。《周易》之书,多藏于卜筮家;洪范之书,多藏于五行家。且如珚琦《周易略例正义》今道藏有之。《京房周易》飞伏例卜筮家有之,此之谓旁类以求。

(3)因地以求(Locality)如求地志书必按省县求之,或至其地以求之。

孟少主寔录蜀中必有;王审知传闽中必有;零陵先贤传零陵必有;《桂阳先贤赞》桂阳必有。《京口记》者,润州记也。《东阳记》者,婺州记也。《茅山记》必见于茅山观。《神光圣迹》,必见于神光寺,如此之类,可因地以求。

(4)因家以求(Private Printeror Schools)以学派求,如欲得《学衡》派书籍必向《学衡》编辑处求之,欲得《新潮》派书必向北京大学《新潮》社求之。

钱氏《庆系图》可求于忠懿王之家。章氏《家谱》可于申公之后,黄君俞尚书官言虽亡,君俞之家,在兴化。王裴《春秋讲义》虽亡,裴之家在临漳,徐寅《文赋》今蒲田有之,以其家在蒲田,《潘佑文集》今长乐有之,以其后居长乐,如此之类,可因家以求。

(5)求之公(Government Printing)如官书局,江南官书局,浙江官书局,湖北官书局等处书籍,或现在各种政府公报。

礼仪之书,祠祀之书,断狱之书,官制之书,版图之书,今官府有不经兵火处,其书必有存者,此谓求之公。

(6)求之私(Private Collcctor)求之私人藏书,或借抄。如购《求恕斋丛书》,《嘉业堂丛书》,乃刘翰怡所纂刻之书,故可向其人求之。

134

书不存于秘府,而出于民间者甚多。如漳州吴氏,其家甚微,其官甚卑,然一生文字间,至老不休,故所得之书,多蓬山所无者。兼藏书之家,例有两目录所以示人者,未尝载异书,若非与人尽诚尽,彼肯出其所秘乎?此谓求之私。

(7)因人以求(Official Relations)如购求大学院公报可向院长蔡元培或秘书处,或编辑处求之。盖以其职守之关系而求之也。

乡人李氏曾守和州,其家或有沈氏之书,前年所进褚方回清慎帖蒙赐百匹两此则沈家旧物也。乡人陈氏尝为湖北监司,其家或有田氏之书,臣尝见其有荆州田氏目录,若迹其官守,知所由来,容或有焉。此谓因人以求。

(8)因代以求(Period)如求新时代书籍必向新书局如商务,中华,世界,至于旧书当向旧书铺购买。

胡旦作《演圣通论》余清作《三史刊误》此等书卷帙虽多,然流行于一时寔近代之所作书之难求者,为其久远而不可迹也。若出近代人之手何不可求之。有此谓因代而求。

此固渔仲用以为目录搜集材料之方法,然于购求书籍,亦不无可借以参考之处。祁承煠氏且论于其所撰之藏书约购书训中,引之以为购求书籍之经济良法。

八道而外祁氏又加三则:(1)依引用之书而求之:前代之书,日久沦亡,然有引用其书而著明其书者,如《春秋考异》,与《邮感精符》可以于《太平御览》中得之;《会稽典录》张璠《汉纪》可以于《北堂书钞》中得之。(2)依注以求:书而有各家之注,依各家注求之,亦可多得,例如老子《道德经》,可有不同注本,数十种之多,有所谓郭璞注,河上公注,等等,可见王重民《老子考》。(3)依序而求:书籍于当代有刊行之本,则必有当代名人为之作序,序必载于其代之各文集中。依序而为目录年,求地,而求书。不必专考目录之书也。祁氏之法,非单求古书之良法,亦今日搜集材料之良法也。

古代藏书家种类与目的,未尝十分一致。论及藏书家种类与目的,洪亮吉论之极是。

昔阳湖洪亮吉(北江)诗话之言曰:"藏书家有数等,得一书必推求本原,是正缺失,是谓考订家,如:钱少詹大昕,戴吉士震是也。次则辨其版本,注其错讹是谓校雠家,如:卢学士文弨,(《群书拾补》)翁阁学方纲是也。次则搜采异本,上则补石室金匮之遗亡,下则备通人博士之浏览,是谓收藏家,如:鄞县范氏天一阁,钱唐吴氏瓶花斋,昆山徐氏传是楼是也。次则第求精本,独嗜宋刻是谓赏鉴家,如:吴门黄主事丕烈,《士礼居藏书题跋记》,邬镇鲍处士廷博是也。又次则于旧家中落者贱售其所藏,富室嗜书者要求其善价,眼别真赝,心知古今,闽本蜀本,一不得欺,宋椠元椠,见而即识,是谓掠贩家,如:吴门钱景开,陶五柳,湖州施汉英是也。"

此可知藏书家之异趣殊途,而兴味与收藏,因之而异。图书馆乃公共之藏书家,其兴味与收藏而异,其实际工作亦必随之而异。

部员工作　检查书之著者,书名,出版年,书店价目等。查此书本馆是否已有?抄写至各店之订书单,为主任抄写信件。检办书到后发票及其他各种手续,与并付账办理登录事宜。赠予之书到后即作书单片,其他手续与新书等,管理继续刊物,及收到中文书,日文书,西文书小册之总数。及各种记录。

购书法　选定书籍之后,分速购缓购及考虑各种,前章已论之矣。兹将速购与立即当购之书分列于下:

(一)查系何书店出版,何样版本?种种问题,一一填就。

(二)估计每书价目及其共费若干?且款宜如何支配。立即决定款之不足而不最要者取消是单。

(三)按书店名,将各配书单排列之。

(四)以书店为单位将各书名著者名开列订购。订购单应有二份。一份寄出,一份备考。

有需预约者,有需至书店亲自购买者,绝版书当由书店目录选

136

购。此层如有深久读目录不觉无聊之训练,反觉有趣。公余之暇,购书主任应至旧书铺去参观,往往可选得不轻易购获书籍,甚为值得。

有主任之爱书喜阅多种书籍,藉以学鉴别版本之不同,与书籍价目之各异,以参观旧书铺为惟一嗜好。有与书钟情者。购书部主任之参观旧书铺或求之于书估目录,或求之于拍卖铺中则又当一论。盖一方尽其职责;一方个人藉以聊情。求不得时,亦可登广告以求之。

购书之次数 购书之次数,不能一定,要在其书需要之缓急,存钱之多寡,机会之优良,以为转移。否则富馆按月订购一次;小馆半年订购一次最为妥当。急要之书,临时订购亦无不可。

重本问题:未购书之先,必先解决何书应购重本。图书馆为经济所限,绝不能购重本。当往往事实之需要不同,如公立图书馆之于小说书,通俗读物,非同时备购数册,不能应付。甚或一馆而有数分馆者,则势更不能不购数部,以分其用。然是不得已事,切不可从容。故图书馆有令读者捐钱以购重本,是为 Duplicate pay Collection,或馆中备有重本,使读者出租赁之,是为 Rent Collection. 要皆求解决图书馆不购重本之法也。

至于图书馆中往往旧书遇有重本者,可以出售,或与他馆交换。

购书之原则:

(一)价廉物美 际此百物腾贵之时,不可贪小折扣而失大。图书馆购书,无论为流通或参考之书,皆需用中等字印成者,与上白道林纸或上等瑞士新闻纸。如今印普通书籍,皆以极粗之新闻纸,不一星期即变色,以后流通一二次即破裂矣。是非经济,经济之法,应避购此种板本之书。然优美纸张与印刷,其价必昂。故图书馆万不可贪折扣而购新闻纸之书籍。且而人人要折扣则书贾先提高价目,则互相作伪矣。

（二）手续灵敏　所欲速购之书，往往必立刻购就，如学校之每课指定参考书。教师已先有作业，故必立即购买。故手续愈快愈佳。能在本地书店购得，手续最快，盖在本地书店购即节省时间，又可减少运输之劳。

（三）最经济的方法　如有数家书店，同售一种书而有几种价目，当然可以择最好而价钱最廉之一种采购之。最经济方法必赖运用目录学之知识，与熟悉出版界情形。

书籍有著者未完者如胡适之《中国哲学史大纲》，或章宗源《隋书经籍志考证》史部。书籍有续出者如《水浒》后即有《荡寇志》，《征四寇》，水浒后集等等所谓 Seguel 或 Continvation Work. 以上二种尚无目可稽，购者应自知之。

近二三十年来译著之书，几及万于种，就而观之，其弊良多，翻译之家见一著名之外国书，则争相迻译，既不相约，遂致一书而数名，文异而实同。所译之书，未必为杰作，选择既不当，译文不见其流畅，译后或附以名序，以为广告，《科学大纲》是其例也。

近年来译述事业尚不及严复初期之优良。故购者不可不慎。科举罢后，士之空闲者，群托迹于著书。而意旨所存或多偏见，张海淯之道犹饰之曰卫生。造不情之谈而谬足谓浚智，外国无是书强称是译。是固明知其悖道而不欲自居其名也。购者之所当慎者二。亦有取古人之书，改以他名，强加图绘，以投俗好，谬加笺释，以附新学，逞其谋利之私，顿忘畔道之戒，购者之所当慎者三。新书之费，不费于印刷，而费于编纂，不义之贾，乃敢翻板，人获彼食，情已可恶，而麻沙土型，纸墨不良，鲁鱼帝虎，字画尽非，购者之所当慎者四。（引孙毓修之言）地图准确者少，音学艺术之书，价高难致，皆非请求专门家之介绍不可，购者之所当慎者五。

书籍之来源　书籍之来源极多，除购置外，其首要者，不外赠予，交换，保管三种。

（一）赠予　赠予者是以书为礼，馈赠予图书馆也。图书馆收

138

集是种书籍,不必花费。多由地方笃学之士,或整理书斋,将其无用之物,赠予图书馆中,或慷慨热心之士,将其书籍,全交公共图书馆。或有印行书籍者,将所印行书籍,赠送与图书馆。或有父捐书以纪念其子者,子捐书以纪念其父者,妻捐书以纪念其夫者,朋友捐书以为纪念者,或寿终时遗嘱上书明以书捐与公共图书馆者,无论如何,图书馆不可以有条件接收。苟一不慎,误将条件认可,与将来图书馆之发展甚有妨碍。如置特别书架,或特别书室,等条件。皆与图书馆发展有碍。如条件太多,皆与图书馆更有妨碍。故宁可不受,不可牺牲而受之。凡此种捐赠之法,在吾国公益事,极不发达,又少好公益之士。故尤宜鼓励,使人人踊跃。使人人明了个人必死,而图书馆为公立机关。故有永久生存之可能,将吾能死个人之书,赠与永久不灭之公立图馆,是亦不朽之一道也。果能明斯道矣,则皕宋楼不致流于日本之静嘉堂文库矣。其他与皕宋相抗者其知所以自省乎?

如自动捐赠,或因劝而捐赠者,或因纪念而捐者,馆中必一一专函申谢。其礼之较重者应以书标 Book-Plate 或特别印记表明赠者之名,以示不忘。年终报告,当载赠者姓名,及礼之轻重。其较轻者不必出此,馆中当另有记录。以便检查。当纪赠者姓名别号,书单,共若干册,何时收得。

日本地灾后,东京地大图书馆被毁,其馆长漫游欧美,征求各大馆之重本得百万余册,且许馆长入储藏处自选,此乃特殊情形,故欧美各大图书馆慷慨捐赠,亦或为国际间图书友谊之道也。

书籍固可索求,捐赠,然往往私人以势力关条,"于官书局本则要求免费,于家刻本则要其赠送。不知官书局虽领官款,免费者多,寝至力绌,而刻本草率。私家无以餍人之求,遂托言板坏,不复再印。昔张山来《昭代丛书》刻成,疲于酬应,不复再续。明胡宗缵以官钱刻《艺文类聚》官府闻之,诛求无厌,大为地方之累。遂至毁板以绝其祸。是皆徒顾其私,不尊公德之为累也。"不如印书者定一条例,凡大图书馆过若干册以上者,可以捐送一部。否则凡图书馆来购,可量予减价,使陈设馆中任人纵览而知其书。私人任何有势力者,物主得酌予拘绝,盖是其自由也。此种以势力索书之思想,若不澈底改良。无以鼓励私人之印书也。予闻之纽约州立博物院院长 Clarke 先生云:"是为洲立博物院,故凡本洲内之图书馆可得本洲内博物研究之出版品。至于私人,无论其以势力或专门研究来索,则概予拘绝。近日省长 A1. Smith 来索《纽约之苹果》一书吾已拘绝之矣。"是诚文明之风,可羡也夫。

（二）交换　交换者乃甲以其无用或复本书籍与乙馆互换。以己之所多求己之所无,而论他馆之所多者是曰交换之法有三:曰以本换本,曰以值对值,曰以功相换。以本换本,不问厚薄,不问价值,以甲馆之本数,换乙馆之本数。以值对值,甲乙两馆,互相将所需之书选出。然后总计各书价目,以百元之书,换百元之书,不计本数。以功相换者甲馆为乙馆工作劳绩有嘉,故乙馆乃以无用或复本书赠甲馆。

美国华盛顿京城有 Smithsonian International Exchange Service 斯密生国际图书交换局。此局负责转运。例如金大图书馆每年美国各机关所捐赠之图书交斯密生国际图书交换局。此局负责转运至中国。寄至吾国之上海外交当局,负责运至各处。惟书箱一至中国,或不知下落,其中书籍或转售之杂货铺为包铜元之用。或耽延不运,以致遗失。此固由已往旧官吏之不负责任。今日亦应重加整顿,方不致贻笑美人。此当注意者一也。至于美国图书馆由国际交换局寄赠各项读物。吾国亦宜仿此组织,中国之国际图书交换局,使吾国文化宣传物品可以集中,送往其他各国,对外宣传事业既可集中,又可节省经费,此其所当注意者二也。

（三）保管或存储　图书馆图书之大宗来源不外购置,赠予,交换。而保管亦为图书来源之一。保管者乃出版机关,印行大宗有益图书,名为请某馆暂为保管,实则赠予。美国之 Smithsonian

Institution,斯密生研究社为苏格兰人,因在美多日故将其所有余蓄,捐赠美政府,指明为办理科学出版物与科学博物院而用。故其出版物多为精深专门科学家之著作。

Canegie Institution of Washington 加尼基研究社为加尼基所立,与前斯密生所立者略同惟无博物院。

Carnegie Endowment of International Peace 加尼基国际和平基金处专为国际研究注重历史方面,偏重国际和平,尤多欧战有关之材料。

U. S. Government 美国政府之各部出版物如农工商各部,皆有精深著作。

League of Nations, Geneva. 日内瓦国际局专出版国际专门问题,工业问题,社会问题,之各专门著述,深富有研究性质。

有万卷以上之图书馆,在学术上已有相当之认可者,可向以上各机关请求保管。经其调查之后,董事会认可即可得之。小图书馆经费不足可不必有此举。就最近之馆借用之,可也。

购置书处　可购买书籍处有多种,大要不外以下数种:

(1)本地书店　本地书店最佳,所要之书,可以早到,而馆中亦不必多等。无转运费或邮费之资。如店中存书多者尤妙。如存货少则转不若函出版处去购。此本地书店之种种利益。是为代售处或代销处,Bookseller 各地皆有之。所以为发行者或出版者推销者也。此如南京之商务印书馆与中华书局。

(2)直接至出版处　若有大宗书籍,在一出版处直接购买。一时选购,既可得大优待折扣,或可引起出版处之注意。日后新书出版,出版者已略知此馆所需之旨趣,或可赠出版新书或请为评介绍而相赠者。是为出版者或发行所,Publi Sher 所以发行新书者,然非印行者,或承印者(Printer)亦有发行者与印行者乃二者而兼于一身,如上海之商务与中华。旧书坊本往往刊本不足,校对不审,故读者必求家刻本。家刻本藏版于家,而估客至其家印之,南北书贾互相交换。

（3）合同书商　书商往往与机关立定合同。凡此机关所欲购买合同中指定某种书籍，必经此合同书商。有如南京之教育图书馆。南京各学校所用西文书籍皆由教育图书馆包办。若不经其手采办，则不予合同中所著明之折扣。

（4）旧书铺（Secoudhand bookstore）　旧书，绝版书或不多经见之书本。本地旧书铺可常去参观。往往可巧觅珍本。他处旧书铺，可藉游览之便，随时随地参观。否则单凭目录，旧书铺目录最易欺人。慎勿轻信其名辞如"精抄""善本""宋本""翻宋""明版""初印""精校勘""活字本""聚珍本"种种字样。且见书名一事，见书名之书又是一事。甚或虽见目录书名之书，亦不能辨其膺伪者。非精于鉴别不可。故购中国旧书。虽由目录选购，亦必仔细审查。防伪书，假冲，作弊等情。

（5）书摊　小营业售书者新旧不分。而书不值若干。书摊之书，类多断卷残编。或民众通俗书。街市中夜间书摊所售之书，自民众教育观之颇有研究之价值。

（6）剩余（Remainder）　发行所以书之缺页，或有错误之书或新版将出，而旧版仍存之书，无法推销，故先将此余剩售出，是为剩余。价虽廉而物未必美也。购买此类书籍，尤宜细心，极易受亏。

（7）游行书贾 Travelling Agent　专至各埠教育机关，接洽预约书籍，说则天花乱坠，书出版则名不副实。此种书之内容最不可靠。

论书业：

今日中国之书业，首屈一指者当推商务与中华，世界书局已渐有起色。他如泰东，亚东尤为后起之秀。新文化出版之书店，今已蜂起，如北新，开明，光华，等等，不胜枚举。后者以新文化自命，新文学号召。商务与中华则较守旧，而出版之物已渐入佳境，然基本营业犹赖童蒙课本为大宗。性质普通其缺点一也。至于购学之书,无论纯粹科学或社会科学,则商务,中华,尚无人识其真价值也。盖其惟一之准则以此稿是否能有主顾以为衡。或普通浅识之书,托名一二名流,或非名流之著述必增名流之序跋,举凡可以为其广告者则皆在选之列。要之有价值之作品,作者并不一定为名流,作者本身或以倩名人序跋为耻,则商务,中华可必其不收稿矣。其他书坊可更勿论矣。无有深造学识之人,以主其事,是其缺点二也。群起争时代之宠荣而不骛专门,不求实际。中华预告出一《中华教育辞典》则不多日商务亦出一《教育大辞典》,披览之余则皆名流,为之广告资料,要之专门之著述,编纂岂短时间所可期。而其能出者必系塞责时代之作品耳。与学术毫无贡献,即有之,仅短时间之为用,不克垂久。且其编者之志不专,故其为用也亦不恒。其实商务何尝有专门政策,《第一回年鉴》已出多年至今仍为第一回。精力,经钱用于无谓竞争之广告,与实际丝毫无所裨益。好大喜功空作门面,不立专志,其缺点三也。不谙世界之书业情况,其缺点四也。苟能各家采取一定方针,专致力于一类书籍,或致力于课本如 Ginn 公司。或致力于农书,如 Lippin cott,或致力于社会方面之书,如 Macmillan,或致力于教育书,如 Houghton Mifflin,或致力于新文学书,如 Knopf. 或致于自然工程学书,如 Tohn Wiley,或 Mrgran, Hill 或致力于生物学书,如 Wilklins and Williams,皆殊途同归,为文化之先驱,然则斯可矣。

书到手续

书到应先与书店订购单(Order List)及发票检查,比较书名板本价目是否有讹。再将配书单(Order Card)取出,先将收到日期填出,用何账目,购自何处,书籍实价,一一根据发票在配书单填出。如订购单所订之书,尚未到全,当候其全到,方可付款。若有书以绝版而未到,则可将书名留在绝版栏中。其余之书既以收到,当照发票付款。书名已送订购单至书店而书尚未到者,是为悬购。盖其款虽实在未付,而认其为已付也,故曰悬购。或名悬价。仍猜度之价,非实价也,(Outstanding Order)。缓购及考虑,悬购,各种配书单当各为一目,以便检考。

书到时应先审查该书是否所订之一种,是否为足本。通行之书,坊贾以其利重而翻刻,贪省省工,仍其书名,删其卷数,以惑购者。故新书到时尚未付款,当先检四库提要及古今各家藏书之目,以考核之。朱彝尊《经义考》所记卷数,多援史志,最为精核。否则率尔收买,恐多缺帙,终无善本。目录学之实用。此为最要。中文旧书应凭书检查目录,西文书印在未购先查清。

书价与折扣　吾最爱旧式营业之二语(一)货真价实,(二)划一不二,或不折不扣,盖甚足表示旧日营业,无作伪欺人之精神。今日则此两块招牌已扫地以净矣。购者定要求重大折扣。而书业亦多诡诈而高提其价。购书者与发售者皆应了解此种办法之谬误。将价作实,不与折扣,不要折扣,双方互利。商务,中华之书,可与图书馆以特别优待卷。约在市售价后,另有九折。他铺各处办法不同。

西书折扣　以书之制造,书之内容,书之出版者而定。制造有优良不一,内容有为科学书,有为小说。科学书折扣小,以其成本大。小说书消场大有五折三折二折不等。盖纸粗,印多而工廉。出版家有无折扣者,有给小折扣者,各有不同。

书价与折扣其实要在图书馆与售书者之感情。感情浓者,虽不能得满意折扣,或可得赠送书籍。此固在图书馆与售书者平日关系之如何维持耳。

购西书法　购买西书极为不便。法有多种。极便者以本地书店,如:上海之伊文思图书公司,南京之教育图书馆。皆可向其订购,惟先应纳相当储金。但索价太昂,候时过久。上海有商务印书馆之西文部。别发利专售西人论中国书籍。美华书局偏重小说。广学会经售牛津大学出版书籍,此外偏重宗教书。第二法与在中国购相近。此法为将所要书写一总单,请日本之丸善会社 Maruzen a Co. Ltd. ——配就。或请美国纽约之 G. E. Stechert 或 Baker a Taylor，或英国之 B. H. Blackwell 请其代配惟无折扣。不致延误时日。美国较贵，英国较廉。此法仅省手续少写信。省邮票。杂志亦可照办。旧杂志 Back Numbers 亦可由以上各家购办或由 H. W. Wilson，F. W. Faxon 皆可。如欲通信与各公司直接购买则可专函致各家。各家地趾可查 United States Catalog 后之发行指南，Directory cf Publishers。至日本购书约计需二星期，至欧美购书则往返需两月，速则月半。故预知某书将于何时需要，应先一二月发出订单。

机械手续

书籍到手，与发票配书单检查完毕。第一步即将书顺页展开，不使操之过急。如性过急即有损书籍。书籍之有连页者，用裁纸竹刀裁开。然后检查有无缺页或被损之处，或装订前后颠倒，或缺少地图。此时尚可退还书店，请其退换新本。至于旧本书之缺页则无可配换，惟有请书店负责抄补。如又不能抄补，只可在编目片著明。

检查无缺页，则在第一卷第一页盖本馆图记。普通用紫色橡章，不必多有花纹文中西书皆可用。中文书宜用朱文方印。西文书则用"有孔章"Perforating Stamp 或"凸字章"Embossing Stamp。取其不易改换磨擦。紫色橡章有药水易涂去也。盖章规则普通则首页或正文第一页。中文书在右角下手，西文书在右角上手。各馆可采不同页数，每五十或每百页，或每遇有三三之页数辄加以图记，以便本馆之认识。中文书则每卷第一页及每卷末叶，盖印加章。

盖章后则贴以馆中标记如书袋，书标，(Book - Platd) 书签 Book Label 及日期单。书袋所以置书名单者，书标乃馆中特别标记。在大馆二者皆甚考究。小馆中每以适用为要，故二者可合为一。甚或将馆中略载袋上。亦极便利，而后乃制书单。书签可用

○形之纸头贴于书底一寸高处,使其一律此法不牢或用白粉写黑壳书,用黑字写白壳书,然后加以松胶。此法较为耐久。

Acquisition of books

1. Aldis, H. G. : The book trade,1557 – 1625. (Reprinted from The Cambridge History of English literature, V. 4: 378 – 420 1909.

2. Arnett, L. D. :Elements of library metheds. N. Y. , Stechert, 1925 205PP. 82 – 124, Seletion and pur – chase of books

3. Bostwick, A. E. :The American public library. 3d ed. rev. , 1923 "The purchase of books" P. 140 – 161.

4. - - - - - - - :Two cardinal sins (Duplication and omission) In his:Library essays. 1920 P. 341 – 355.

5. Curwen, Henry. : A history of booksellers, the old and the new. ,London, Chatto and Windus, 1873. 483p.

6. Dana, John C. :The Library Primer. Boston, Library Bureau, 1920 chap. 12, P. 71 – 78;chap. 15,P. 86 – 87.

7. Fay, Lucy E. and Eaton, Anne T. :Instruction in the use of books and libraries. 2d ed. rev. Boston, Faxon, 1921. chap. 25. P. 392.

8. Hopper, F. F. :Order and accession department. rev. by Carl L. Cannon. Chicago, A. L. A. ,1926. 36p. (Manual. no. 17 3d ed.)

9. Melcher, Frederic G. :The Successful bookshop, a3 manual of practical information N. Y. , National Association of Book Publishers,1915. 19p.

10. N. Y. State Library. Lecture outlines and problems 3. Albany. Univ. of the state of N. Y. , 1913. Accession work. P. 7 – 12.

11. Richardson, Ernest Cushing:Follow – up Book poverty and

book purchase. and Discussion: Follow up Purchase, Illinois, by F. K. W. Drury. (In The American Library Institute, papers and proceedings, 1920. P. 22 – 41)

12. Roberts, Willian The earlier History of English book Selling. London, Sampson Low, Marston, Searie, Rivington, ltd. , 1889. 341P.

13. Sawye, H. P. ; The library and its contents. N. Y. , Wilson, 1925. P. 169 – 200 on 'book buying'; P. 399 – 417 on "Accessioning"

14. Spofford, Ainsworth Rand. ; Book for all readers. 2d ed. N. Y. , G. P. Putnam, 1900. chap 2 "Book buying. " P. 33 – 49.

15. Stearns, Lutie E. ; Essentials in Library administration. rev. by E. F. Mccollough. 3d. ed Chicago, A. L. A. , 1922. ch. 29, 30, 31.

16. Ward, Gibbert D. ; Suggestive outlines and methods for teaching the use of the library. Bost. Faxon, 1919 P. 69 70 Book buying.

17. Wilson, Martha; School library management. 3d ed. rev. N. Y. , Wilson, 1922 P. 22 – 24; P. 58 – 66.

18. Wisconsin University Library School Faculty; An apprentics course for small libraries. Chicago, A. L. A. , 1917 chap. 4 P. 15 – 18 Mechanical processes by Helen Turvill.

19. Yard, Robert Sterling; The Publisher. Boston Hoaghton Mifflinco. , 1913. 179p.

1　孙庆增:藏书纪要,第一则购求

2　中华图书馆协会会报:(各地书店一览)散见各期

3　杨昭悊:图书馆学:上海商务十二年,第五篇第二章图书的购买

4　洪有丰:图书馆组织与管理:上海,商务,第九章选购

5　李文藻：琉璃厂书肆记　四页　中国书店印行
　　　附缪荃孙所著后纪五页
6　杨守敬：藏书绝句。蟫隐庐印。二十三叶

第十二章　分类法

书籍何故分类?

古今书籍,聚于一屋,然则何必分类乎? 不观夫商贾乎? 有一物必有一类,而同类之物必以类聚,或以连带之类而附属其下。杂货商之置小菜必有小菜一类。广货商之于广货亦然。无有或乱置其所售货物者。

书籍一道,其可分之类亦云多矣,有以册之大小而分类者,有以书壳之颜色而分类者,有以装订之形式而分类者,有以登录号数为分类者,有以刊本之古旧而分类者,有以著作人之先后而分类者;此皆以书籍外形而分类者,无关书籍本体,非自然分类乃牵强分类。然图书馆之于图书登录之后,究何必有条理之放置,究应有何种条理为宜? 书之所以以类相从者使其用时一取即得,易于检查,一则节省读书之时间,一则经济管理之劳力,其所以为类者,非外形所可解决,必以内盾之同异而定。有论理为类,有体裁为类,有时间为类,有地理为类,有言语为类,而大致不外同科目者归于一类。

盖同类者置于一处,易于整理,易于检阅。不同者相杂,则类混淆,类混淆则不成其为类,不成其为类,则用者读者以有限之光阴,难以于汗牛充栋之书籍中,寻所欲得之书籍,不啻大海捞针,无从攫得。是故图书馆书籍不能无一规定之分类,以为标准。

书籍分类与智识分类之不同　自来智识之分类,古代当推亚里司多德 Aristotle，近代当以培根 Francis Bacon，亚里司多德离培根两千余年。科学文明后代胜前代、而智识科学思想之分类，除此二人外尚多，要以二人为时代特出之代表耳。学智识分类，依时代思想科学进步而变更，以学科为主体，以合论理为依归，智识思想变更，其法亦必变更。亚里司多德所用乃演绎法（Deductive Method）之智识分类也。培根则纯为归纳法（Inductive Method）也。且也以学科为主，学术家各可自为专科之理想分类。而各说皆可独立，只须将智识分析条而类之，只问其论理之系统，科学之组织，条理之精密纤微，不问其实用与否也。若夫书籍之分类则不然，以学科智识为根据，而其出入系统，则不必为智识之理想，乃以实用为目的。必计书籍与书籍之关系，以书籍为真实之最后对像，书籍与置放书架之关系，书籍与读者管理员之关系，书籍之减写符号，无一不涉及书籍分类。然丝毫与智识分类无关，书籍分类偏于书籍之实用，智识分类。重知识之论理关系。一为书籍之实用，一为知识之理想，实用与理想二者之相去甚远。然此实为书籍分类与知识分类之所以别也。智识分类不能违哲学思想上之论理，书籍分类则可。同一马也，在智识分类，则凡关于马之智识，可以列于一处，而无冲突，在书籍分类，则论马之种类者，所以列入兽类。马为农场上之良兽，则可列入农类。沪上跑马场之马，又可列入游戏之类。马疫马疾，则可入医学中之兽医之类。战斗之马又可入军事学。专门马学家则可有智识分类，将上所举之马，列入一处。而非书籍实用分类所能办到。

书籍分类者是以书籍之同一性质或形式者，聚于一架，使易于致用也。是为自然分类，以其根据书籍之内涵性以为区别也。

固定位置与相对位置之不同　分类法与一馆中所用之固定位置或相对位置有十分重要关系。盖书得以固定排列架上之法与相对排列架上之法大不相同，固定位置排列法以书架为单位：譬如天架第一排第三堆第二十册。地架第十排第二堆第五册。每册皆有

150

固定位置,不可移动。天架如已置满,必置最后一架,余此类推,架之号码,即为分类号码,无所谓分类法也,相对的位置排列法,乃以书籍之学科为主要单位,架同之次序以学科的分类为次序。譬如:社会科学类之书可置任何书架,书籍如有增加,不用置于最后之架,乃可插入于其所关系之科目内。由固定位置法,书籍以架为主,科目无法衔接,其法死而拙。由相对位置之法,书籍以学科的分类为主,可以衔接一处。而架虽满,可以前后移置,其法活便易用。

精细分类与广阔分类

所谓精细分类乃以最后细之分类(Close or mirlutel)将科目置于所当然之地位。广阔分类则列于大类,而已譬如用杜威分类法,分中国山羊例如:

636139851　　代表中国山羊

　6＝应用科学

　　3＝农

　　　6＝家蓄

　　　　3＝羊类

　　　　　9＝山羊

　　　　　　8＝他属

　　　　　　　5＝亚洲

　　　　　　　　1＝中国

在小公立图书馆法类636.3已足矣,不必添9851。如在大图书馆或农务特藏则非精密不可,具体实物尤需分类详细,为学者之用则诚便矣。惟号码必长不易处置,分类愈细愈不能使材料聚于一处,其实精细或广阔之分类,实为分类上之政策,未解决分类法时宜先解决之也,或任一部分一类,用精细方法,他类则取广阔。政策之解决,要在书籍收入之多寡,及用者之需要而定。

书籍分类之根据

书籍可以为类者,以其科目有相同点,或相似点,或科目之附属者。其排列之所以为根据者有七:(1)论理的,(2)地理的,(3)年代的,(4)语言的,(5)字母的,(6)体裁的,(7)版期的。

(1)论理的 所谓论理者,乃合事物之自然的,逻辑先后次序之重要适宜,如生物学中之动物植物,脊椎动物与无脊椎动物。如数学中之算学,代数,几何,三角,微积分等,既有先后次序,又有同等重要。

(2)地理的 地理的以一国之疆土,为界限之次序,如历史,及植物之分布等之以一国疆土分界。

(3)年代的 年代的乃以历史时间之先后为次序。如历史中之朝代先后,与文学中之朝代先后。

(4)语言的 语言的乃以各国人种语言之系统为次序,如语言学与文学之次序,此与地理的范围不同,地理以疆土论,而此以人种语言论。比如以疆土,政治论,英美乃二独立国家也。以语言文字论,则英美文字乃一种文字。然同一疆土之中国,乃有汉满蒙回藏各种文字之不同。

(5)字母的 如同一国之人,又同为一时代之文学家,其先后之排列,则颇不易,故只得以字母次序之先后排列。

(6)体裁的 诗词歌赋是文字中体裁。字典,类书,年鉴,通论,讲演录等,为各科学术之体裁。

(7)版期的 如同一书籍同一著作人,而独异者版次,先后不同,故以版次年代表明先后次序。

书籍分类之原理

据前段所论书籍分类可分之原理如下:

(一)书籍分类乃以同科目者为一类其目的在致用同类者必同属部居斯乃积极的使其差别悉入于同一之途。

(二)其科目之排列,必依事物之论理的系统与次序。使在一系统内无冲突抵触之病,使用者认为一个系统。

（三）完备而赅括，本系统所组织之内容必面面留心，前后顾到，完备详细，事无巨细皆可列入，名词之意义宜赅括。

（四）类属部位层次之关系，由广而狭，由大而小，能无抵触易于明了。

以上皆合共同的论理的智识分类之大要，而良好图书分类首当引为重要根据者也。

（五）简当明了，虽目仅识丁之人，一见之后，即能了解其中次序与部位层次之关系。

（六）必因时因地以致宜，使此法异地可能致用。毋使放诸四海而皆同，绳之三代而皆准，必也，因时代之进步，为子目之变更，方可合宜。

（七）繁简相称，使类属之繁简，各得其宜。

（八）分配均匀，号码分配均匀，不使大号码而单简，小号码而转繁琐。

（九）号码简单易识。

（十）无论何法皆有仔细相对科目之索引。

以上种种为书籍分类之特别原理。所可不同于智识分类者。

书名分类与书籍分类之不同　书名者书之代表也，非书也。书名分类为目录学家贯有之事。往往未见其书而根据一空洞书名而为分类。如遇经史子集之书，且向也明了熟悉各书书名，与各书重要及其位置之先后。可以排列不致有舛错。万一不幸为书名所赚误例如：张资平所著《不平衡的偶力》一书，初看似物理学书，其实乃文学故事之书。《老张的哲学》并非哲学乃一故事。古今书籍，以名目而分类，致引起目录学上之纠纷多矣。而目录学家往往凭书名而分类，只见书名，不见书籍内容真像，以至以讹传讹。故近代之严格目录学家编制书目，所载书名必篇篇寓目，以免书名排列之弊。其未寓目者，辄为号以表明之。西文书中亦多此例比如：Toseph Smith Tlefeher 所著之《The Kang – he Vase》初见书名以为论康熙磁,其实乃论中国之小说。又如:Overfon,所著之 Cargoes for Crusoe 初见以为鲁滨孙漂流记之后编,其实著者以鲁滨孙喻吾人孤静时,甚望重载之书籍,可以解吾人之闷。故著者取斯义以名其书,缘此书实批评近代文学之作。

书名分类乃徒据书名而不见书之实在之分类,此种分类最易错误。图书馆书籍分类是以"书"为对象非有是书不为之分类。不单能寓目,且馆必有是书。其区别在一虚一实。据名者虚,故易错。据书者实。故确切。明乎此则分类时,必先察书之内容,不可只见书名即为分类。

中国图书分类之问题

中国书自海禁开来,书籍之制度由线装而渐入于纸面洋装,内容则由经史子集而扩充之,乃自然科学应用科学社会科学艺术新文学等等为前代所未见。且也中国各种线装书应平放,西装书宜直立。纸壳西装又可直立可平放。惟新式标点西装之楚词固应与线装之楚词,以分类论,应相置一处。然一则直立一则平放,究应如何处置,分类时所当注意者。当今过度时代,分类法不可不注意之三大问题。

西文主要分类法及其评论　西文分类法之主要者不外杜威十进法,克特展开式分类法,国会图书馆分类法,布郎氏之科目分类法,及荷兰 Brussel 之改良杜威十进法四种。兹先论克特展开式分类法与改良杜威十进法二种后详论其余三种。

克特氏 Charles A Cutter 1837－1903 为美国现代图书馆之先进。任 Boston Atuenean 图书馆馆长之职擅长编卡片目录之学著有《字典式编目规条》一书,开编目之新纪元。至今仍有价值。编目号码有所谓"著者号码"亦氏所发明。

克特氏之分类法普通译名为展开式。展开式有二义。一则取其易于更变应付为优美分类法之要点。一则取义于其表,表有七。第一表浅易简单,第七表则深奥精微,由一至二,由二至三,由三至四……高级之表深于低级,由广而入细微,由浅而入深。用其表者初若有书图书馆无论中学图书馆,大学图书馆省立图书馆等无不有西文书籍,故中国图书馆之分类法,造成三大问题:

(一)中西书籍是否能用一种分类法? 如一馆中西书籍各采一法,则管理一切,殊不经济。且同科目之书籍,以中西文关系而置二处,与读者殊为不便,即能用一种分类法。而中西文目录又不能用同一字母次序。势必中文目录片排置中文目录柜故中西书籍是否能用一种分类法,实属重要难解决之问题。

(二)图书馆旧籍是否当仍采四库,制而新者则利用杜威制乎? 今者各馆除添置四库一类外,多添置新式书籍如:自然科学,应用科学,社会科学其科目之加增者,不知凡几。故图书馆分类法成一问题用四库分类则新科目书籍无法位置。若用杜威十进法,则新书可以归入而经史子集之书,又无法安置。然则一图书馆应用四库兼杜威二法同时并施乎? 抑扩充四库或用沈氏各家之仿杜威十进法乎? 抑别有妙术乎?

万一西文一法,四库一法。则一图书馆中西分别新旧分别而用三法乎? 抑排除一切困难,而用一法乎?

(三)线装书与西装书之影响于分类法,四库书皆线装书,而今日新出版之书多系西装。甚或纸壳西装。

EXPANSIVE CLASSIFICATION

(practically the Sixth Classification)

A   GENERAL WORKS COVERING SEVERAL CLASSES. POLYGRAPHY.

B   PHILOSOPHY.

BR   RELIGION.

Christianity and Sudaism

D Ecclesiastical history

E   BIOGRAPHY

F   HISTORY UNIVERSAL HISTORY

      Periods.

      Countries.

      Allied studies.

G   GEOGRAPHY AND TRAVELS.

H   SOCIAL SCIENCES.

  I   Demotics, Sociology

  J   Civics, Government, Political Science.

  K   Legislation.

L   SCIENCE AND ARTS TOGETHER.

  LA   Sciences (Natural)

      M   Natural history.

      N   Botany.

      O   Zoology.

Q   MEDICINE

R   USEFUL ARTS, TECHNOLOGY.

  S   Constructive arts.

  T   Fabricative arts.

  U   Art of war.

  V   Athletic and recreative arts

VV,   MUSIC

W   ART, FINE ARTS.

X   LANGUAGE.

Y   LITERATURE

Z   BOOK ARTS

      ZT   Bibliography.

百册,可先用第一表。如若有百至万册,可用第五表第七表可供百万之馆。且用者可以其增加之书,随时采其高级之表,字母简单,易于扩充。

法用二十六字母,分八大总部。分门类属,二十六门。各门之下又有二十六类各类之下,仍可有二十六属。用门与类之表可容676号。用门类属则可有17,576科。较杜威可容者广。是法为纯粹字母符号。其地名表号则用十一至九九之数目字为之。表之主要号为

30	欧洲		1	理　　论
39	法国		2	目　　录
45	英国		3	传　　记
47	德国		4	历　　史
60	亚洲		5	字　　典
70	非洲		6	手　　册
80	美洲		7	杂　　志
83	美国		8	社会报告
			9	总　　集

而十一号以前为学科复分

如右:

克特氏分类法之理论。盖以一进化论为系统,故 A 之总类为宇宙混沌之象,所以代表太初体形未定之先。而宇宙间之材料具备。假设已有人在,人能自己觉悟自己之存在,故人为有思想之物,于是有 B 哲学类。然后人问吾人自何而来,于是自为解答以为有主宰在,于是有 Br－c 宗教类。同时在最初之发展人,即觉悟吾人个人之生命,于是有 E 传记,后因关心人类之传记,于是有 F 历史科。人亦随时了解自己生活亡处,于是有 G 地理与游记科。在有限制区域中人因而与人往来注意友伴之结群。于是有 H 至 K 社会科学,社会学有个人之关系,法团之关系与个人往来之规则。此后方注意宇宙之自然势力,于是有 L 至 P 为自然科学。内

包动植物学人类学。由自然科学应用之。而为吾人生命之需，是为 K 至 U 为应用科学。含工程，制造，海陆军三科，既能安生社会纵操自然于是力谋艺术，以求发展其智识，于是有 V，W，X，Y，Z，游艺，美术，语言，文学，图书学。是为克特氏之进化理论。

（参考 Sayer Manual 174 节）

克特分类法评论

六平旦克特氏之法者，恒以此法为最合论理，最合科学方法，名词最为新颖。每类皆得各学科专门家之助力。方法变异多端易于错置。号码简便，亦能应用认记原则。同科目之材料，可以聚于一处。是法曾经克特氏在其馆中试验适宜。徒以编辑未竟而没，致是法未能如愿被图书馆采用。缺乏索引，号码虽简而不易辨认，故典藏为劳。然亦为国会图书馆之法之蓝本。至今论分类者无或能亡之。The Classification Decimale of tbe Insfituf Infernafional de Bruxelles.

国际局于 1895 年会议讨论宜用何方法进行目录书事业，专致力于（1）统一目录学方法，（2）组织国际目录之合作，（3）编纂世界之目录总汇。既而得比政府之赞助，加入工作此目录为一精细，分类目录，包罗世界各时代，各国家，各科目之材料，而集其大成。故所有书籍，小册，杂志皆在收集之列。范围之宏，材料之富，故其所需要之分类，亦异寻常图书馆之编目所用之分类。其排列也愈精细愈妙。故其分类非有精细之排列不可。无已，乃取杜威之十进法从而改良之，扩充之，增补之，新列门类，添置符号。

目录用（5X3iu.）之卡片制成，所入每文每书每册之材料，无不备载。虽欧战之烈，亦未停工。共入有一千二百万种，而仅成三分之一。所有报纸剪裁，零星散件，亦用此法排列成一极大之时代国际百科全书。更搜集世界各国之目录书，此其荦荦大者之工作。惜乎战后为英政府强制停工，面其所创为世界学术上空前绝后之作，莫之与京。

法取杜威原有号数之意义,保持原有次序,加增新符号。杜威中所有零之号码,全部取消。譬如:

十进法		国际目录局之法	
900	普通历史	9	历史
910	地理游记		
913	古物学	91	地理游记
914－919	本国地理游记	913	古物学
920	传记		
929	家谱,历史	92	传记
940－999	近代历史	929	家谱学

其所用符号略举于下:

普通类属	写法
(一)杜威中之复分表	(01－09)

54(02)化学通论。

举例:　54(03)化学字典。

54(06)化学历史。

(二)公文之子目类属。	(0－0)
(三)地方(杜威地理之号)。	(2－9)
(四)时间。	,,…,,

举例:　$16 = 3"16"$十七世纪之德文伦理学。

| (五)语言(杜威语言类之号数)。 | ＝2－9 |

举例:　37(03)＝4法文教育辞典。

(六)普通分析。

举例:

| (七)特别科学分析。 | 0… |
| (八)分开。 | · |

（九）合拢。　　　　　　　　　　　　　　　＋

举例：537. ＋621，31 － 第开
二娄前　　次号为附属。

（十）关系。　　　　　　　　　　　　　　：

举例：31：331.2：677 纺织业
工价之统计

（十一）同样子目。　　　　　　　　　　　－

（十二）减写。　　　　　　　　　　　　　－－

（十三）非书籍　　　　　　　　　　　　（0）

（十四）名字（人名地名）。　　　　　　A－Z

种举例

（05）　　　　　Revues de——

（44）　　　　　France.

＝3　　　　　　Langue allemande

，，17，，　　　XVITI siecle.

52（05）　　　Revues de pbysipue.

385（44）　　　Chemibs de Fer － en France.

22.05 ＝3　　Dersions le la Binle － en allemand.

338.8（44）"I7" Les trusts － en France － au XVIII siecle.

53（05）　　　　　Revues － de physique － pu － blie es en France.

338.8（44）"17" Les trusts － en France － au XVIII siecle.

总类：

物质——:物质科学。

生命——:生物学，人种学与医。

心灵——:哲学与宗教,社会与政治科学。

记载——:语言与文学,文字体裁,历史,地地与传记。

SUBIECT CLASSIFICATION

by Brown, 1906,

A GENERALIA   ⎫MATTER
B D Physical Science   ⎬SFORCE
                            ⎭
                 from theory to application
                 physics
                 Dynamics
                 Mechanicol engineering
                 Machinery engineerwg
                 Curl engineering
                 Architecture
                    Railuoy
                    Vehicles
                    Building
                 EIectricity
                    Electrical engineering
                 Optlcs
                    Teledcope
                    Microscope
                 Heat to sterm – Gas engines

　　法之组织方法,可略见一斑。其妙处在能变通杜威符号之限制,而能扩充如此。其号码可大可小,可巨可细。号码之用意又能表现书籍之全体内容,非若杜威之呆板,仅能道书之部分。此法可谓得杜威之醇而善去其疵者矣。然杜威之法亦因之而名益传,用愈广。此法仅能为大规模目录之用。故深值目录学家详细之研究也。

　　布郎氏科目分类法

　　布郎氏 Tamcs Duff Brown(1862 – 1914)为爱林敦 Islington 图书馆馆长以常受人之请求整理图书以求开放。而十进法尚未流入英国。因感缺优美精密之分类法,乃自发愿编制。盖开放图书馆,非有实用之分类不为功。乃先与 Tohn Henny Quinn,奎英合草于一八九四年。因不适用乃于九七年创活动分类法。仍不适用,一九零六年乃独纂科目分类法。自信为合论理实用之法。足为英岛图书馆所取法。法前冠以小引,诚真知灼见之著与分类实际解决。

法有总数,体裁类目;有极清楚明了,之一索引。以二十六字母,每字系以一至九九九之数。数后有点。点非小数,仅以示别。此实本法之缺点。然亦可认为小数。点后系以复分表之号。其理论为:

E – F   Biological Scrence
G – H   Ethnology and medicine }LIFE
　　I   Economic Blology
J – K   philosophy S Religion   }MIND
　　L   Social S political Science
　　M   Longuoge S Literature
　　N   Litcrary forms
O – W   History Geography   }RECORD
　　X   Biography

NOTE:(1)Letters to be followed by Aralic numerals,3 in number, Read decimally,(2)"a systematie oder of sceutific Progreosion,"(3)notation flerille,(4)possille to erpaud

是其系统之哲理观念。盖自混沌宇宙至有人类而后能有心灵与历史记载。是为人类历史观之系统。此法之特点在总类:

A000   百科全书
　　　　总　　集
A100   教　　育
A200
A300   论　　理

A400	数 学
A500	几 何
A600	
750	照 像
790	雕 刻
A900	普通科学
A950	科学,游记,调查。

论理学与数学乃专门科目并非总类又无普通性。此即为Dewey之01 -09号,而考其实在,实不伦不类。其正表中一律无子目。事无巨细皆属类目。然表之佳处在将所有同类之材料总集"一处"不使如杜威法中之分散。使钻研之者不费力而寻其材料。盖为本法之优点。布郎氏此表所副之复分表。称为(Ategorical table)共有九七五目。

布郎	杜威	复分表
B000	500	科学
B000.5	01	哲学
B000.3	02	大纲
B000.2	03	字典,辞典。
B000.954	04	文集,讲演集
B000.7	05	杂志
B000.6	06	会社报告。
B000.65	07	教育,教学法
B000.8	08	总集
B000.10	09	历史

此表目中之科目,性极普遍,而能加入任何科目。所谓普遍者例如:政治,历史,宗教等科目,无不有其哲学,字典,杂志,会社报告种种。而布郎氏共列九七五种名目,以为皆有普遍性,其实迂呆不合论理。即阴沟,180 睡觉403 二例。然则各科目中皆有阴沟

与睡觉乎？智者一见即可知矣。此表为其法特殊之点，然亦其污点也。

此法互有优劣。哲理系统之周备，方法新颖。乃无可疑议。各部之比例均等。符号简单易认。杜威之索引为相对的，布氏为单独的。其操胜杜威者有二。杜威分自然科学为500与实用科学为600。而此法则由自然科学而至应用科学。

杜威以910为地理，以940-999为历史。于是史地分离。此法则一贯，以国为单位。凡属此国之地理历史皆聚一处。其不如杜威者为文学，杜威在文学先以国分，次以文体，再次以时代分。更次以人名时代之先后。此甚合研究文学历史者之用。布郎则不论语言区别，或时代先后，仅以文学体裁分小说，诗词，戏剧，散文四种。而各种之下以字母排列。甚合公立图书馆寻书之用。然于学者则毫无贡献。此法之编制系出布郎氏一人之手，无专家之研究与参考。其总类，复分表甚觉不伦不类。总观其得失，则此法为种种限制，不能发展，仅足为英伦有数之小图书馆所采用，不能出英岛一步，宜乎其远不及杜威之能普遍也。

杜威图书十进法

Melvil Dewey(1851-   )，乃美国近代图书馆运动之主要先进，非哲学家之杜威也。杜氏于一八七四年在爱姆候斯蒂 Amherst 大学毕业即任本校馆长之职。后任哥伦比亚大学图书馆主任。创图书馆学校。以收女生，故被逼迁纽约州省会爱蓬莱。既而又被任为纽约州立图书馆馆长之职兼办图书馆学校。现已隐于 Lake Placid.

杜氏在幼壮之年，多创事精神。除以分类法著名外，以竭殚精力以鼓吹图书馆为职志。然图书馆非有专门人才不可，故又创立图书馆学校。以图书馆界若无团体无以资此学之观摩乃与图书馆界创美国图书协会。今为美国之一重要，学术团体。杜氏曾任本会会长数次。编制图书编目方法。后以图书馆厅用文具，非自造不足以合图书馆内之需要。于是乃立图书馆文具公司 Library Bureau 而今事业已大加扩充与 Rand 索引公司合创。然则其于美国图书馆界其功诚伟矣。

杜氏一生专致力于三事。一为图书馆。一为使社会能采用米突标准度量衡。一为废除英文字中之废字母。观以上所述,可知杜氏对于图书馆之成就特多。于多数成就中而以分类法为其主要之成就。分类法始自 1876 年至今五十余载。共出版十二次。第十二版于今年成功。初版仅四十二页。初出时仅一种,今则有大纲一种,修正一种为小图书馆之用,详本一种,商业类扩充本又一种共四五种。

The Ten Classes of the Decimal Classification showing Some
of the Subdivisions

000	General Works	
	030	Encyclopedias
	050	periodicals
100	Philosophy	
	150	psychology
	170	Ethics
200	Religion	
	220	Bible
	266	Missions
300	Sociology	
	320	Govermnent
	330	Labor
	370	Education
	390	Customs
400	Language	
500	Science	

	520	Astronomy
	530	physics
	580	Botany
	590	Zoology
600	Useful arts	
	620	Engineering
	630	Agriculture
	640	Domestic economy
	670	Manufactures
700	Fine arts	
	720	Architecture
	730	Scuthture
	750	Painfing
	780	Muslc
	790	Amusements
800	Literature	
	810	American
	820	English
	830	German
	840	French
900	History	
	910	Geography and fravel
	920	Biography
	930	Ancient History
	940	Europe
	950	Asia
	960	Africa
	970	North America

考杜氏之法采于培根之法,分记忆,想像,理想三大类,由 Harris 来而将培根之法取而倒置之。杜威从而略加更变,作为十大类。见表

法以十进,分部,类,属。部之下有九类,类之下有九属,属之下以小数为记。小类之后,皆为子目。子目之多寡以学科而别。有极细之子目,亦有属下更无子目者。小数活动易于运用扩张以至无穷。整数有零(0)者为有部有类而无属:如 550 地质学或有部有属而无类:如 505 科学杂志以其普通而不能细分。复分表之 01,02,03,04,等 0 为不专属任何部,任何类,或任何属。所采号码为纯粹之数目字。故号码之排列为数目的。小数以后用小数法排列。小数之法极为 Flexibe d Adiufable. 册前有方法论,学者宜先读之。后附以相对科目之索引,尤易使用,学者之检查便利。是为他种分类法所不及。

此法中有所谓造号码者,为地理与语言二类。植物分布与乡土地理,则用地理号码为子目分类。文字则用语言之号复分。既可免表之重复,又可便于记忆。兹详举于后:

部 9 = 历史	英	德	法	意
类 4 = 欧洲	942	943	944	945
西班牙	俄	中国	非	美洲
946	947	951	960	970
故	英	德	法	意	中国
植物 581.942	581.943	581.944	581.945	581.951
	英	德	法	亚洲	中国
地质 554.2	554.3	554.4	555	555.1
部 4 = 语言	2 = 英	3 = 德	4 = 法	5 = 意
	420	430	440	450
	西班牙语言	腊丁语言		中国语言

460　　　　　470　　　　　495

英国文学　　820

德国文学　　830

法国文学　　840

文学之体裁各国一律如：一为诗，二戏剧，三小说，四文，五演讲，六书信，七滑稽，八杂

故 821 ＝英诗　　　822 ＝英戏剧　　　823 ＝英小说

824 ＝英文　　　825 ＝英演讲　　　826 ＝英书信

语言体裁亦各国一律如：一为字音，二为字根，三为字典，四为同名，五文法，六诗律学，七土语，八课本。

故 441 ＝法音学，　　　442 ＝法文小学，　　　443 ＝法文字典，

444 ＝法文同名异名，445 ＝法文文法，　　　446 ＝法文诗学，

447 ＝法土语。

凡此皆杜威法中乙用以助记者也。各国语言中之体裁，皆按英文语言之子目细分，故各国语言之体裁，无庸印出。

杜威法中之传记可有三法处置之：

（一）全归 920 传记之下：920 928 皆为传记，1－8 为本法之九大部，是以被传者之科目为主。利在将传记，置于一处，借与主要科目分离。

（二）用 B 字代传记以传述人之姓氏排列。此法宜用于公立图书馆。

（三）以被传者之专门列入专入科目。例如音乐家列入音乐，哲学家列入哲学。此法宜于专门研究之图书馆。此法最近理想，惟一时要用传记，不易查出。此与主要科目相连属，不若归 920 之易查也。

小说亦可有三法处置之。

（一）以 F 为记，按著者及书名字母列于公开架之下层。如一带是为，带式排列，宜于公立图书馆。中国书不能应用此法。

168

（二）以种类分心理小说，列入心理学。历史小说，列入历史——宜于专门研究之图书馆。此种分类，非有专门小说学识不可。

（三）以著者体裁时代之先后列入文学。

儿童图书亦有二法处置之。Juveile。儿童读物之省写。

（一）以 J 字为记，不分类。

（二）以部类属三位整数为准，不用小数，如 580 植物 590 动物。

杜威之得失，姑先不论。国会图书馆方法说明后一并论之。

美国国会图书馆分类法　美国国会图书馆为世界最大国立图书馆之一，其收藏之富，读者之众，又为其他图书馆之冠。故其需要分类法亦与众不同。杜威之法不足用。克特展开之法尚未完。无已乃由编目主任 Charles Martel 主持分类事宜。惟时已太晚，小数之法已为杜威所用。字母之法亦为克特氏所用。乃取二者合而神其用。偏重克特之开展法。故取其字母为符号之方法。且将克特法之主要次序只略加变更。于是国会图书馆分类法之命运乃大定。要知此法乃纯以实用及馆中所藏为根。

LIBRARY OF　CONGRFSS　CLASSIFICATION

Showing main dasses and certain subidivsions of classes (A-dapted from the Table in W. C. Berwick Sayers" Canons of classificaticn")

A　　　GENERALWORKS.　POLYGRAPHY.

B　　　PHILOSOPHY.　RELIGION.

　　B – BJ　　Philosophy.

　　BL – BY　　Religion , Theology.

C　HISTORY – AUXILIARY SCIENCES.

　　CS　　　Genealogy.

　　CT　　　Biography. General.

D HISTORY AND TOPOGRAPHY. (encept America)
    D   General history.
    DA   British history.
    BD   Austria – Hungary.
E – F   AMERICA.
    E   America (general) and United States (general).
    F   United States (bcal) and America. cutside. U. S.
G   GEOGRAPHY. ANTHROPOLOGY
    GB   Physical geography.
    GN   Anthropoiogy.
    GR   Folk lore.
    GT   Culture and civilization. Manners and customs.
    GV   Sports and amusements. Games.
H   SOCIAL SCIENCES.
    HA   Statistics.
    HB   Economies. Theory.
    HM   Sociology General and theoretical.
    J   Political science.
    K   Law.
    L   Education.
M   MUSIC.
N   FINF ARTS.
P   LANGUAGE AND LITERATURE.
    PN – PV   Literary history. Literature.
    PZ   Fiction.
Q   SCIENCE.
R   MEDICINE.
S   AGRICULTURE. PLANT AND ANIMAL INDUSTRY.

T   TECHNOLOGY. GENERAL.

TA – TH   Building and Engineeriag group.

TJ – TL   Mechanical group.

TN – TR   Chemical group.

TS – TX   Composite group.

TS   Manafactures.

TT   Trades.

TI   Dcmestic science.

U   MILITRAY   SCIENCE.

V   NAVAL   SCIENCE.

Z   BIBLIOGRAPHY AND LIBRARY

SCIENCE

据随用而增加,而改良,而删削。馆中历史社会科学材料极多。故法亦最广大。

此法之编纂者除主任外又有多人专门学家或馆员参与其事。

法之说明

法沿开展式分类法以二十二大写字母为主。每字母再系以二十二字母。二字母之后再系以一至九九九九之数目字。二位三位数目字居多,四位甚少。数目字之后附以小数,是为混合符号。I,O,Y,W,易与他字混乱,故不用。A 为总类,B 为哲学与宗教。C 为历史资料如档案公文泉币碑帖等。D 为历史地理欧亚各国,E,F 为美国,此门最精密合美国 Americana 之用。与他国图书馆只有参考之价值。G 为地理学有天文地理,人文地理,地文地理等。H 为社会科学,副以 J,K,Lo J 为政治学,K 为法律,L 为教育。M 为音乐。N 为美术。P 为语言。G 为自然科学。R 为医。S 为农。T 为专门科学。U 为军事学,V 为海军学,Z 为目录学。此法不能表示轻重之区别。宗教门尚无细目,K 法律类无目。因以国省区域分类无印目之必要。P 类未完之目尚多,有已易稿数次者,有已绝版者,有已改版三次者,皆统称为未定稿。已出版之廿余册几达万页。另有总目一小册,每册前有总纲,后有索引。然详细不一,识者以为不便。国会图书馆所编之标题目录实为其分类之总索引。往往有评国会图书馆之分类法无总索引者其实不然。所不幸者关于本分类法之用法指导向无文字。或另印,或加于总纲目之前。应用科学中之次序,大概由理论而至应用。此法之特点恒以表加入整数。表各有不同。有区域分表,有标题字母排列表,有文学中之版本表,时间表。区域表又各有不同。地理,历史,国际区域之各表。非若杜威之表既易应用又易记忆,且省篇幅。杜威中之01-09之复分表,如杂志,会社,总集等。国会分类法,则各类前数号码,皆有位置,然并不一致。字母号码之间恒留余地以为将来发展之用,或增用小数。表伸缩出入较杜威为便。

杜威分类与国会图书馆分类比较批评

《国会图书馆分类法》

合论理的与科学的原理

小图书馆不能用,然

《杜威十进法》

不十分合论理的原理

语言与文字分开太远

甚合小图书馆之用,甚合大图书馆之用,可有无限扩充地位。

极大极细,皆有位置

虽专门人员,不易了解,不易训练。

符号稍觉复杂。

缺少助记法。

对有发展之大图书馆甚觉不足。

详细分类,不甚觳用。如心理学农类。

读者易于明了,用者亦易了解。

符号易于领略。有时太长,或太复杂。

267,34145＝青年会付薪之书记,可以妇女往来 541.3452 ＝

此法之所以有大成

名词日新月异。随时增变。

各类有索引,又有标题目录为之总索引。

附表复杂。

卷册浩繁,不易携用

分类须用多时。

法为大图书馆及大学图书馆所采用。

国会图书馆之目录片上书明此法,故采用其片者亦用其法最为便利。功者以其有好助记法也。

名词分类皆太旧心理类乃古董分类。

相对的索引为此法成功之第二秘诀。

附表简单易记。

易于携用。

分类迅速。

多为公立图书馆所采用。

近有请求国会图书馆将杜威之十进法加入国会图书馆目录片之举

四库全书总目类表

经部	小学	总录	外纪
易	训诂	杂录	总志
书	字书	史钞	职官
诗	韵书	载记	官制
礼	史部	时令	官箴
周礼	正史	地理	政书
仪礼	编年	总志	通制
礼记	纪事本末	都全郡似	通典
三礼通义	别史	河渠	邦计
通书	杂史	边防	军政
杂礼书	诏令奏议	山川	法令
春秋	诏令	古迹	考工
孝经	奏议	杂记	目录
五经总义	传记	游记	经籍
四书	圣贤		
乐	名人		

金石	占卜	杂家	楚辞
史评	命书相书	杂学	别集
子部	阴阳五行	杂考	总集
儒家	艺术	杂说	诗文评
兵家	书画	杂品	词曲
法家	琴谱	杂纂	词集
农家	篆刻	杂编	词选
医家	杂技	类书	词话
天文算法	谱录	小说家	词谱词韵
推步	器用	杂闻	南北曲
算书	食谱	异闻	
术数	草木	琐语	
数学	鸟兽	释家	
占侯	虫鱼	道家	
相宅相墓		集部	

174

沈祖荣胡庆生仿杜威书目十类法

000 经部, 类书
001 – 7 诗, 书, 易, 礼, 春秋,
四书, 小学
010 经解类
020 图书科
030 百科全书
040 丛书
050 类书
060 杂志
070 抄本, 善本
080 目录
090 统计学
100 哲学, 宗教
110 东方哲学
111 中国, , , ,
120 泰西, , , ,
130 哲学类别
140 , , , , 派别
150 宗教总论
160 孔教
170 基督教
180 佛教
190 其他宗教
200 社会学, 教育

200 , , , , ,
210 家庭
220 风俗及礼教
230 教育
240 , , , 行政
250 教授法, 管理法, 教员
260 学校教育,
270 校外, , , ,
280 课程及教科书
290 学校卫生建筑
300 政治法, 经济
300 政治学
310 立法
320 司法
330 行政
340 法律
350 军政
360 经济
370 财政
380 商业学
390 交通
400 医学
410 中国医学
420 剖解学, 胎生学

430	生理学	720	磁器
440	病理学	730	雕刻,篆刻,印玺
450	外科	740	布置
460	妇,,产科,小儿科	750	油漆画
470	卫生学	760	图案,印刷
480	药类,制药学	770	照相,幻灯
490		780	音乐
500	科学	790	游戏,运动
510	数学	800	文学,语言学
520	天文学	810	文派及文体
530	物理学	820	诗文
540	化学	830	词赋戏曲
550	地质学	840	诏令及会议
560	博物学	850	小说
570	农林学	860	公文,尺牍
580	牧畜	870	幼年文学及读本
590	水产	880	语言学
600	工艺	890	外国语
610	机械工艺	900	历史
620	电学,,,,	910	泰西史
630	采矿工程,冶金学	920	东洋史
640	海陆军建筑工程	930	中国史
650	卫生工程	940	年表,年谱姓氏
660	化学工艺	950	传记
670	工厂制造,手工	960	地理,游记
680	空中工学,轮车制造	970	省府县志
690	土木工程	980	地图
700	美术	990	考古学
710	书画		

金陵大学图书馆中文图书分类法简表

370	植物学		670	方志
380	动物学		680	类志
390	人类学,解剖学,生理学		690	记游

应用科学部

				世界
400	通论		710	世界史地
410	医药		720	海洋学
420	家事		730	东洋及亚洲
430	农业		740	西洋及欧洲
440	工程		750	美洲
460	化学工艺		760	非洲
470	制造		770	澳洲及其他各地
480	商业		780	传记

社会科学部

500	通论		790	古物学

语文部

510	统计
520	教育
530	礼仪
540	社会
550	经济
560	财政
570	政治
480	法律
590	军事

史地部

600	史地通论
	中国
610	历史
630	文化史
640	外交史
650	史料
660	地理

语文部

800	语言学
810	文学
820	中国文学
830	总集
840	别集
850	特种文学
860	东方各国文学
870	西洋文学
890	新闻学

美术部

900	通论
910	音乐
920	建筑
930	雕刻
940	书画
960	游艺

附表一通论之复分

01	理论	09	历史及现状

01　理论

02　纲要;表解

03　教育及研究

04　辞典;类书

05　杂志

06　会社报告

07　杂文;演讲录

08　丛书

09　历史及现状

　　号码加于原有号码之后惟原来号码之末字为 0 者得省去一 0 号

附表二　中国时代表

附表三　西洋时代表

附表四　中国区域表

附表五　分国表